墨香财经学术文库
“十二五”辽宁省重点图书出版规划项目
教育部人文社会科学研究青年基金项目（项目批准号：16YJC630114）
中央高校基本科研业务专项资金项目（项目批准号：N2011003）
辽宁省社会科学规划基金项目（项目批准号：L13DJY067）

Spatiotemporal Pattern and Driving Mechanism of Urban Shrinkage and Expansion in Northeast China

王恩旭 ◎ 著

东北地区城市收缩与扩张的时空格局及驱动机制研究

东北财经大学出版社 大连
Dongbei University of Finance & Economics Press

图书在版编目（CIP）数据

东北地区城市收缩与扩张的时空格局及驱动机制研究 / 王恩旭著．—大连：东北财经大学出版社，2022.11

（墨香财经学术文库）

ISBN 978-7-5654-4655-9

Ⅰ.东…　Ⅱ.王…　Ⅲ.城市发展-研究-东北地区　Ⅳ.F299.273

中国版本图书馆CIP数据核字（2022）第192750号

东北财经大学出版社出版发行

大连市黑石礁尖山街217号　邮政编码　116025

网　　址：http://www.dufep.cn

读者信箱：dufep@dufe.edu.cn

大连永盛印业有限公司印刷

幅面尺寸：170mm×240mm　字数：203千字　印张：14　插页：1

2022年11月第1版　2022年11月第1次印刷

责任编辑：魏　巍　赵宏洋　徐　群　责任校对：宋雪凌

封面设计：冀贵收　版式设计：原　皓

定价：48.00元

教学支持　售后服务　联系电话：（0411）84710309

举报电话：（0411）84710523

如有印装质量问题，请联系营销部：（0411）84710711

前　言

城市收缩现象于20世纪20年代中期以后在世界上很多城市开始出现，收缩主要表现为城市人口的减少，即城市的人口收缩。“城市收缩”概念最早由德国学者于1988年正式提出，它用来表现德国一些城市在去工业化进程中，人口的大量流失、经济衰退和局部地区出现空心化的现象。20世纪90年代至21世纪初期，欧洲大概有20%的城市出现了人口收缩问题，这些城市以老工业城市为主，涵盖范围广泛，涉及国家众多，包括英国、法国、德国、匈牙利、意大利、波兰、罗马尼亚等。亚洲地区的很多国家也面临着人口减少的严峻形势，城市人口收缩现象已经席卷全世界，成为全球广泛关注与亟待解决的重大城市发展问题。

我国自1978年改革开放以来，经济持续增长、城镇化水平持续提升。经济总量由1978年的3 678.7亿元增长到2020年的1 013 567亿元，增长了274倍；城镇化水平由1978年的17.92%增长到2020年的63.89%，增长了45.97个百分点。在城镇化过程中，中国的城镇人口由1978年的17 245万人增长到2020年的90 220万人，增长了423%；乡村人口由1978年的79 014万人减少至2020年的50 992万人，减少了35.5%。可见在我国40多年的发展进程中出现了城市人口增加、乡村人口减少的现象，这是城镇化推进的必然结果。与此同时，还出现了城市之间的非均衡发展，这种发展模式使我国的区域性中心城市人口快速集聚，而边缘城市及发展较落后地区城市人口收缩。

研究显示，2000—2010年，我国有180座城市发生了人口缩减，26.71%的地级及以上行政单元、37.16%的县（区）均发生了人口减少。2019年国家发展和改革委员会在《2019年新型城镇化建设重点任务》中提到了收缩型城市要瘦身强体，要严格控制增量，积极盘活存量，这是“收缩型城市”概念首次出现在政府文件中，一定程度上表明了城市收缩问题已经引起国家的重视，对城市收缩的研究也从学术理论研究上升到国家宏观政策调控方面。

东北地区作为我国的老工业基地，在国家“一五”“二五”等重工业发展时期发挥了巨大作用，但随着经济体制的转型与市场经济体制的逐步建立，东北地区的发展出现了“东北现象”“新东北现象”等种种问题，东北地区的经济发展逐步与东南沿海地区拉开了距离，并由此导致东北地区出现了人口收缩问题。第五次至第七次全国人口普查结果显示，总体来看，东北地区的乡村人口持续收缩，黑龙江省的城市人口在第六次至第七次全国人口普查期间出现收缩；从各城市的视角来看，辽宁、吉林、黑龙江3个省份多个城市出现人口收缩现象，而且第六次至第七次全国人口普查期间表现得尤为严峻。但在人口收缩的情境下，绝大部分城市的空间仍然在扩张，表现出了人口收缩与空间扩张的悖论现象。基于此背景，本书以东北地区为研究对象，从多维度不同尺度来探究东北地区人口收缩与空间扩张的问题。

本书内容共分为9章：第1章介绍研究背景、研究目标与研究对象、研究内容与研究方法、主要创新点。第2章介绍相关概念与理论基础。第3章介绍城市收缩的研究进展，并提出本书的框架体系。第4章分别利用全国人口普查数据与统计年鉴数据来识别东北地区的城市人口收缩问题，利用第五次全国人口普查、第六次全国人口普查、第七次全国人口普查数据，分别基于省域层面、地级市层面、县区层面分析东北地区2000—2020年的人口收缩问题；利用统计年鉴中的人口密度数据，分别基于全市层面、市辖区层面、县域层面分析东北地区1995—2020年的人口收缩问题。第5章选择城市建成区、城市建设用地、居住用地空间、城市绿地空间、城市建成区绿化覆盖空间5个指标来识别东北地区34个地级市1995—2020年的空间扩张问题，揭示东北地区城市空间扩张的时空差异及演化过程。第6章分析城市人口收缩与城市建成区、城市建设用地、城市绿地、城市建成区绿化覆盖空间的扩张的适配问题，通过适配分析，厘清东北地区城市收缩与扩张的适配程度。第7章从人口维度、空间维度与经济维度3个层面构建东北地区城市发展综合指数，通过计算东北地区34个地级城市1995年、2000年、2005年、2010年、2015年、2020年的城市发展综合指数来识别1995—2000年、2000—2005年、2005—2010年、2010—2015年、2015—2020年的城市收缩水平，揭示东北地区城市收缩的时空演化过程。第8章从经济总量、工业发展水平、服务业发展水平、公共服务水平、科技支撑水平、教育支撑水平、教育水平、对外开放程度、绿化水平、交通可达性10个方面构建东北地区城市收缩与扩张的影响因素指标体系，运用地理加权回归模型识别影响因素的作用程度及空间分异情况，揭示东北地区城市收缩与扩张的驱动机制。第9章总结本书的研究结论，指出研究不足，提出研究展望与未来研究方向。

本书是教育部人文社会科学研究青年基金项目“基于心理契约理论的旅游地忠诚研究——情怀视角”（16YJC630114）、中央高校基本科研业务专项资金项目“东北地区城市收缩与扩张的多维度时空格局、形成机制及响应模式研究”（N2011003）、辽宁省社会科学规划基金项目“辽宁沿海经济带区域旅游空间结构形成机制及优化模式研究”（L13DJY067）相关研究成果内容。感谢硕士研究生沈彩云在本书实地调研中的辛苦工作，感谢硕士研究生周江在本书数据处理方面付出的辛苦；感谢工作单位的各位领导和同事对我的帮助；感谢家人对我科研工作的支持，尤其是我的小女儿对我的理解。

此外，本书在编写过程中，汲取和借鉴了大量国内外已有研究思想的精华，在此特表感谢；同时，由于个人能力有限，本书还存在一定的局限与不足，请各位专家与读者批评指正，我将继续以一个东北人对东北地区的一腔热血持续关注东北地区的后续研究。

作　者

2022年10月1日于辽宁沈阳

目　录

第1章　绪论

1.1　研究背景

2007年德国政府资助的研究项目——“收缩中的城市”（Shrinking Cities）发现，在过去的50年中，超过370个人口超过10万的城市至少减少了1/10的人口。在英国，除了伦敦之外的大部分大城市人口都在萎缩。在美国，城市的衰退和人口萎缩以东北部工业带上的城市最为显著。

21世纪初，随着去工业化和郊区化进程的发展，欧洲和北美地区城市普遍出现人口减少和经济衰退现象，“城市收缩”的概念开始被各国学者们重视，并作为一个新的术语出现在城市规划和发展中。

城市生命周期理论认为，城市发展是动态变化的过程，经历着“城市化—郊区化—逆城市化—再城市化”的演变。城市收缩发生在城市从成熟走向衰退再到复兴这一转变过程中，相当于郊区化和逆城市化阶段，因此城市发生收缩并不意味着城市走向衰败甚至灭亡。

在我国城镇化快速推进的过程中，我们的城市发展也表现出了明显的空间分异。由城市聚集而成的城市群由于城市本身的差异，也存在着明显的不同。例如，我国京津冀城市群、长江三角洲城市群、珠江三角洲城市群的发展存在着明显的差异，城市群内部的城市也表现出了不同的发展趋势。而在这一发展过程中，伴随着区域中心城市的快速集聚扩张，其周边有的城市开始出现收缩现象，这个收缩首先表现为人口的收缩，伴随着人口的收缩又开始逐步显现出经济、社会、文化等社会环境的收缩。在城镇化过程中，乡村人口持续向城市集聚，出现了乡村空心化现象，呈现出乡村人口收缩问题。因此，一个城市人口的收缩表现为两个方面，一方面是城市市辖区人口的收缩，另一方面是乡村人口的收缩，这是目前所有发展相对优势逐渐减弱的城市都面临的困境。

东北地区被誉为新中国的“工业摇篮”。布局在东北三省的钢铁、能源、化工、重型机械、汽车、造船、飞机、军工等重大工业项目，奠定了中国工业化的初步基础。东北老工业基地中的装备制造业特别是重大装备制造业，曾经为我国做出很大贡献。

东北地区作为新中国成立后工业基础最雄厚的地区，是新中国工业发展的重点地区。东北地区交通发达，自然资源丰富，为发展工业化提供了良好的基础。在我国第一个五年计划时期，东北地区为中国的工业化建设打下了坚实的基础，鞍钢、沈飞、沈阳机床以及一汽等一大批关系国家命脉的国有重点工业企业都在这个时期建成。中国第一辆汽车、第一架喷气式飞机也在东北诞生。

作为曾经计划经济的标杆，东北受益于计划经济的稳定，但是这种稳定同样消耗掉了很多人的探索精神以及创业意识，使得很长时间内东北除了国有大中型企业外，很少有私营企业的存在。随着我国经济的持续发展，很多地区的发展能力与经济发展水平已经超越了东北，东北的产业发展、经济发展出现了问题，随之而来的是东北地区的人口外流，出现我们所说的严重的城市人口收缩问题，人口的收缩进一步加剧了产业经济发展面临的困境，进而造成人口、经济等的进一步收缩。

人才是城市发展的基础，面对东南沿海多轮抢人大战，东北的人才持续流失，人口进一步收缩，但东北的城市发展空间并没有因为人口收缩而停滞，而是进一步扩张，这种人口收缩与空间扩张问题成为东北地区亟待解决的重要问题。

基于此，本书以东北地区为研究对象，从多个层面与尺度识别东北地区人口收缩的状况，分析人口收缩与空间扩张的适配情况，进而识别东北地区城市收缩与扩张的影响因素，为东北地区可持续发展提供一定的借鉴意义。

1.2 研究目标与研究对象

1.2.1 研究目标

本书的研究目标包括以下几个方面：

（1）从人口视角来识别东北地区的城市收缩程度、时空分异状况；

（2）从空间视角识别东北地区城市扩张的程度、时空分异状况；

（3）揭示东北地区城市收缩与空间扩张的适配情况；

（4）判断东北地区城市综合收缩态势；

（5）识别东北地区城市收缩与扩张的影响因素，并揭示其驱动机制。

1.2.2 研究对象

本书选择东北地区的辽宁省、吉林省、黑龙江省作为研究对象。

辽宁省位于东北地区南部，南濒黄海、渤海二海，西南与河北接壤，西北与内蒙古毗连，东北与吉林为邻，东南以鸭绿江为界与朝鲜隔江相望，总面积14.8万平方千米。根据第七次全国人口普查结果，辽宁省的常住人口为42 591 407人。辽宁省共辖14个地级市（包括2个副省级城市、12个地级市），分别为沈阳市、大连市、鞍山市、抚顺市、本溪市、丹东市、锦州市、营口市、阜新市、辽阳市、盘锦市、铁岭市、朝阳市、葫芦岛市。其中，沈阳市、大连市为副省级城市。

吉林省位于中国东北地区中部，与辽宁、内蒙古、黑龙江相连，并与俄罗斯、朝鲜接壤，地处东北亚地理中心位置，总面积为18.74万平方千米。根据第七次全国人口普查结果，吉林省的常住人口为24 073 453人。吉林省共辖9个行政单元（包括1个副省级城市、7个地级市、1个自治州），分别为长春市、吉林市、四平市、辽源市、通化市、白山市、松原市、白城市、延边朝鲜族自治州。其中，长春市为副省级城市。

黑龙江省地处中国东北部，北、东部与俄罗斯隔江相望，西部与内蒙古相邻，南部与吉林省接壤，是中国最北端及最东端的省级行政区，总面积为47.3万平方千米。根据第七次全国人口普查结果，黑龙江省的常住人口为31 850 088人。黑龙江省共辖13个行政单元（包括1个副省级城市、11个地级市、1个地区），分别为哈尔滨市、齐齐哈尔市、鸡西市、鹤岗市、双鸭山市、大庆市、伊春市、佳木斯市、七台河市、牡丹江市、黑河市、绥化市、大兴安岭地区。其中，哈尔滨市为副省级城市。

辽宁省、吉林省、黑龙江省共计36个市、州、区行政单元构成了东北地区。

由于统计数据的限制，本书基于不同的研究视角选择的研究对象略有差别。在以普查数据为基础开展的城市收缩研究中，选择东北三省的36个市、州、区为研究对象（见表1-1）。在以政府官方以统计年鉴的形式公布的数据为基础开展的城市收缩研究中，选择除延边朝鲜族自治州与大兴安岭地区以外的34个地级市为研究对象。

表1-1 **东北地区行政区划情况**

序号	省	市、州、区	下辖县级行政区
1	辽宁省	沈阳市	和平区、沈河区、大东区、皇姑区、铁西区、苏家屯区、浑南区、沈北新区、于洪区、辽中区、新民市、康平县、法库县
2	辽宁省	大连市	中山区、西岗区、沙河口区、甘井子区、旅顺口区、金普新区、普兰店区、瓦房店市、庄河市、长海县

续表

序号	省	市、州、区	下辖县级行政区
3	辽宁省	鞍山市	铁东区、铁西区、立山区、千山区、海城市、台安县、岫岩满族自治县
4	辽宁省	抚顺市	新抚区、顺城区、望花区、东洲区、抚顺县、新宾满族自治县、清原满族自治县
5	辽宁省	本溪市	平山区、溪湖区、明山区、南芬区、本溪满族自治县、桓仁满族自治县
6	辽宁省	丹东市	元宝区、振兴区、振安区、东港市、凤城市、宽甸满族自治县
7	辽宁省	锦州市	古塔区、凌河区、太和区、凌海市、北镇市、黑山县、义县
8	辽宁省	营口市	站前区、西市区、鲅鱼圈区、老边区、盖州市、大石桥市
9	辽宁省	阜新市	海州区、新邱区、太平区、清河门区、细河区、阜新蒙古族自治县、彰武县
10	辽宁省	辽阳市	白塔区、文圣区、宏伟区、弓长岭区、太子河区、灯塔市、辽阳县
11	辽宁省	盘锦市	双台子区、兴隆台区、大洼区、盘山县
12	辽宁省	铁岭市	银州区、清河区、调兵山市、开原市、铁岭县、昌图县、西丰县
13	辽宁省	朝阳市	双塔区、龙城区、北票市、凌源市、朝阳县、建平县、喀喇沁左翼蒙古族自治县
14	辽宁省	葫芦岛市	连山区、龙港区、南票区、兴城市、绥中县、建昌县

续表

序号	省	市、州、区	下辖县级行政区
15	吉林省	长春市	南关区、宽城区、朝阳区、二道区、绿园区、双阳区、九台区、农安县、榆树市、德惠市、公主岭市
16	吉林省	吉林市	昌邑区、龙潭区、船营区、丰满区、永吉县、蛟河市、桦甸市、舒兰市、磐石市
17	吉林省	四平市	铁西区、铁东区、梨树县、伊通满族自治县、双辽市
18	吉林省	辽源市	龙山区、西安区、东丰县、东辽县
19	吉林省	通化市	东昌区、二道江区、通化县、辉南县、柳河县、梅河口市、集安市
20	吉林省	白山市	浑江区、江源区、抚松县、靖宇县、长白朝鲜族自治县、临江市
21	吉林省	松原市	宁江区、前郭尔罗斯蒙古族自治县、长岭县、乾安县、扶余市
22	吉林省	白城市	洮北区、镇赉县、通榆县、洮南市、大安市
23	吉林省	延边朝鲜族自治州	延吉市、图们市、敦化市、珲春市、龙井市、和龙市、汪清县、安图县
24	黑龙江省	哈尔滨市	道里区、南岗区、道外区、平房区、松北区、香坊区、呼兰区、阿城区、双城区，依兰县、方正县、宾县、巴彦县、木兰县、通河县、延寿县、尚志市、五常市
25	黑龙江省	齐齐哈尔市	龙沙区、建华区、铁锋区、富拉尔基区、昂昂溪区、碾子山区、梅里斯达斡尔族区、讷河市、甘南县、龙江县、克山县、克东县、依安县、拜泉县、泰来县、富裕县

续表

序号	省	市、州、区	下辖县级行政区
26	黑龙江省	鸡西市	密山市、虎林市、鸡东县、鸡冠区、恒山区、滴道区、城子河区、梨树区、麻山区
27	黑龙江省	鹤岗市	绥滨县、萝北县、东山区、兴安区、向阳区、工农区、南山区、兴山区
28	黑龙江省	双鸭山市	尖山区、岭东区、四方台区、宝山区、集贤县、宝清县、友谊县、饶河县
29	黑龙江省	大庆市	萨尔图区、龙凤区、让胡路区、红岗区、大同区、肇州县、肇源县、林甸县、杜尔伯特蒙古族自治县
30	黑龙江省	伊春市	伊美区、乌翠区、友好区、金林区、铁力市、嘉荫县、汤旺县、丰林县、南岔县、大箐山县
31	黑龙江省	佳木斯市	富锦市、同江市、桦南县、桦川县、汤原县、抚远市，前进区、向阳区、东风区、郊区
32	黑龙江省	七台河市	桃山区、新兴区、茄子河区、勃利县
33	黑龙江省	牡丹江市	东安区、西安区、爱民区、阳明区，绥芬河市、海林市、宁安市、穆棱市、东宁市、林口县
34	黑龙江省	黑河市	爱辉区、北安市、五大连池市、嫩江市、逊克县、孙吴县
35	黑龙江省	绥化市	北林区、肇东市、安达市、海伦市、兰西县、庆安县、绥棱县、望奎县、明水县、青冈县
36	黑龙江省	大兴安岭地区	加格达奇区、松岭区、呼中区、新林区、漠河市、呼玛县、塔河县

由于行政区划的动态性调整，东北地区的部分城市行政区划在本书的研究范围和时期内进行了调整，为了保持研究的连续性与统一性，本书所有数据按照东北地区2020年的行政区划单元进行收集与整理。东北地区部分城市的行政区划调整见表1-2。

表1-2 **东北地区部分城市的行政区划调整**

序号	省	市	区	调整方案
1	辽宁省	沈阳市	浑南区/东陵区	2014年6月17日，经国务院批准、民政部批复，同意东陵区更名为浑南区。2014年8月1日，东陵区正式更名为浑南区
2	辽宁省	沈阳市	沈北新区/新城子区	2006年3月，沈阳市委、市政府决定将新城子区与辉山农业高新区合署办公，组建沈北新区。同年10月，新区经国务院正式批准成立，享有市级经济管理权和国家批准的开发区管理权限，实行封闭式管理
3	辽宁省	沈阳市	辽中区/辽中县	2016年1月，国务院批准撤辽中县设辽中区。2016年4月11日，辽中区正式挂牌
4	辽宁省	大连市	金普新区/金州区	2014年6月23日，国务院批复同意设立大连金普新区
5	辽宁省	大连市	普兰店区/普兰店市	2015年10月13日，国务院正式批复同意撤销普兰店市设立大连市普兰店区
6	辽宁省	锦州市	北镇市/北宁市	1989年6月29日，经国务院批准，改北镇县为北镇满族自治县。1995年3月21日，经国务院批准，改北镇满族自治县为北宁市。2006年2月8日，经国务院批准，改北宁市为北镇市

续表

序号	省	市	区	调整方案
7	辽宁省	盘锦市	大洼区/大洼县	1975年11月9日，国务院批准设大洼县，属辽宁省营口市。 1984年，成立盘锦市，大洼县又归盘锦市辖。2016年3月，经国务院、省政府批复，同意撤销大洼县，设立盘锦市大洼区
8	辽宁省	铁岭市	调兵山市/铁法市	1981年9月21日，经国务院批准，划铁岭市、法库县的各一部分行政区域设市，因邻近铁岭市和法库县而得名铁法市。 1984年10月铁法市改为铁岭市铁法区。1986年9月又恢复了市建制。2002年，建市20周年的铁法市经国务院批准更名为调兵山市
9	吉林省	长春市	九台区/九台市	1956年7月，设立怀德专区，九台县划归怀德专区。10月，怀德专区更名为公主岭专区。1958年，撤销公主岭专区，九台县划归长春市。1966年，设立德惠专区，九台县划归德惠专区。 1969年，撤销德惠专区，九台县划归长春市。1988年，撤销九台县，设立九台市。2014年，撤销九台市，设立九台区
10	吉林省	白山市	浑江区/八道江区	1956年，设八道江镇。1959年3月23日，吉林省委批准撤销临江县，设立浑江市。1960年1月7日，国务院批准浑江市府驻八道江镇为浑江市治所在地。1985年，成立八道江区。1985年2月4日，国务院批复（国函字17号）撤销通化地区，实行市管县体制，通化地区分治。通化地区下辖通化、浑江两县级市升格为地级市。2010年2月，八道江区更名为浑江区

续表

序号	省	市	区	调整方案
11	吉林省	白山市	江源区/江源县	1994年1月31日，经国务院批准，浑江市更名为白山市，浑江市三岔子区更名白山市三岔子区。1995年12月30日，经国务院批准，白山市三岔子区改为吉林省江源县。2006年6月5日，经国务院批准，撤销吉林省江源县，恢复设立白山市江源区，以原江源县的行政区域为江源区的行政区域
12	吉林省	松原市	扶余市/扶余县	1987年11月，撤县变为扶余市（县级），仍隶于白城地区。 1991年4月，在前郭县和扶余市的基础上，成立前扶经济开发管理区，扶余改属前扶经济开发管理区。1992年7月，成立松原市，扶余市改为松原市扶余区，隶属松原市。1995年7月，经国务院批准，重新设立扶余县。同年12月，县政府驻地设在三岔河镇，仍隶属松原市。2013年1月24日，经国务院批准，撤销扶余县设立扶余市（县级），由吉林省直辖、松原市代管
13	黑龙江省	哈尔滨市	香坊区/动力区	2006年8月15日，经中国国务院批准，哈尔滨市的动力区与香坊区合并，组成新的香坊区
14	黑龙江省	哈尔滨市	阿城区/阿城市	1987年2月，经国务院批准，撤县建市，由省会哈尔滨市代管。 2006年8月，经国务院批准，撤销阿城市，设立哈尔滨市阿城区。以原阿城市（不包括永源镇、巨源镇）的行政区域为阿城区的行政区域

续表

序号	省	市	区	调整方案
15	黑龙江省	哈尔滨市	呼兰区/呼兰县	2004年2月4日，经国务院批准，撤销呼兰县，设立哈尔滨市呼兰区
16	黑龙江省	哈尔滨市	双城区/双城市	1988年，经国务院批准撤县设双城市（县级）。1996年11月归哈尔滨市管辖。2014年5月2日，经国务院批准，撤销双城市，设立哈尔滨市双城区。2015年5月10日，哈尔滨市双城区正式挂牌成立
17	黑龙江省	哈尔滨市	松北区	2003年3月3日，哈尔滨市政府（第2次）常务会议，同意市民政局起草的《哈尔滨市市辖区调整意见》，将松花江北岸现属道外行政区域内的松北镇、松浦镇、万宝镇和呼兰县的乐业镇、对青山镇整建制合并，设立哈尔滨市新的市辖区，区名为松北区。2004年2月4日，经国务院批准，同意哈尔滨市设立松北区
18	黑龙江省	哈尔滨市	太平区（撤销）	2004年3月24日，经国务院批准对哈尔滨市行政区划进行调整，撤销哈尔滨市太平区，其行政区域划归道外区
19	黑龙江省	伊春市	伊美区	2019年6月19日，经国务院（国函〔2019〕63号）批准，撤销伊春市乌马河区、伊春区、美溪区，设立伊春市伊美区
20	黑龙江省	伊春市	南岔县/南岔区	2019年7月，伊春市召开动员大会，撤销伊春市南岔区，设立南岔县，以原伊春市南岔区的行政区域为南岔县的行政区域；同月14日，南岔县委挂牌成立；同年9月1日，南岔县人民政府挂牌成立

续表

序号	省	市	区	调整方案
21	黑龙江省	伊春市	金林区/西林区	1969年12月6日，成立伊春市西林区。1983年12月24日，经省人民政府批准，将大丰区更名为金山屯区。2019年6月29日，经国务院（国函〔2019〕63号）批准，撤销伊春市西林区、金山屯区，设立伊春市金林区，以原西林区、金山屯区的行政区域为金林区的行政区域
22	黑龙江省	伊春市	乌翠区/翠峦区	1980年9月22日，撤销翠峦区革命委员会，恢复翠峦区人民政府。1983年12月24日，经省人民政府批准，将乌敏河区更名为乌马河区。2019年6月29日，经国务院（国函〔2019〕63号）批准，撤销伊春市翠峦区，设立伊春市乌翠区，以原乌马河区部分行政区域和原翠峦区的行政区域为乌翠区的行政区域
23	黑龙江省	伊春市	汤旺县/汤旺河区、乌伊岭区	1967年10月，设立伊春市乌伊岭区。乌伊岭是蒙古语，意为长满树林的山岭，为小兴安岭一支脉，在金代此山称阿斯温山，又作额斯山、佛斯京山。1984年，东风区更名汤旺河区。2019年7月13日，伊春市召开动员大会，宣读《国务院关于同意黑龙江省调整伊春市部分行政区划的批复》，新设立汤旺县，由原汤旺河区、乌伊岭区合并而成

续表

序号	省	市	区	调整方案
24	黑龙江省	伊春市	丰林县/新青区、红星区、五营区	1980年设立新青区人民政府。1980年，恢复红星区人民政府与红星林业局政企合一体制。红星林业局为省属森工大二型企业，由伊春林业管理局领导。红星区人民政府由伊春市人民政府领导。1992年，五营区成为伊春市管辖的市辖区。1992年，新青区、红星区、五营区均隶属伊春市管辖。2019年6月29日，经国务院（国函〔2019〕63号）批准，撤销伊春市新青区、红星区、五营区，设立丰林县，以原新青区、红星区、五营区的行政区域为丰林县的行政区域
25	黑龙江省	伊春市	大箐山县/带岭区	1957年7月，国务院批准，伊春撤县设市后，同年11月20日，撤销带岭镇，设立伊春市带岭区。1992年，带岭区为伊春市管辖的市辖区。2019年6月29日，经国务院（国函〔2019〕63号）批准，撤销伊春市带岭区，设立大箐山县，以原带岭区的行政区域为大箐山县的行政区域。将县级铁力市的朗乡镇划归大箐山县管辖
26	黑龙江省	伊春市	上甘岭区（撤销）	1964年12月21日，经黑龙江省人民委员会批准，恢复上甘岭区。2019年7月，撤销上甘岭区，并入友好区
27	黑龙江省	佳木斯市	抚远市/抚远县	2016年1月15日，经国务院批准，民政部（民函〔2016〕14号）批复同意撤销抚远县，设立抚远市（县级），以原抚远县的行政区域为抚远市的行政区域

续表

序号	省	市	区	调整方案
28	黑龙江省	佳木斯市	永红区（撤销）	2006年7月27日，撤销佳木斯市永红区，将其所辖行政区域划归佳木斯市郊区管辖
29	黑龙江省	牡丹江市	东宁市/东宁县	2015年，国务院批准撤销东宁县，设立县级东宁市，以原东宁县的行政区域为东宁市的行政区域。东宁市由黑龙江省直辖，牡丹江市代管
30	黑龙江省	黑河市	嫩江市/嫩江县	1954年8月，黑龙江省增设嫩江专区。1960年5月嫩江专区撤销并入齐齐哈尔市。1961年复嫩江专区。1970年3月起属黑河地区。1993年2月起属黑河市（地级）。2019年8月获批设立嫩江市（县级）。2019年，经国务院批准、民政部批复同意撤销嫩江县，设立嫩江市（县级），以原嫩江县行政区域为嫩江市的行政区域，嫩江市人民政府驻嫩江镇清江路201号
31	黑龙江省	大兴安岭	漠河市/漠河县	1981年8月24日，根据国务院国函字(81)第49号《国务院关于黑龙江省设立塔河县、漠河县的批复》文件精神，图强区实行政企分开，撤销图强区。图强林业局为纯森工企业，隶属大兴安岭林业管理局，局址仍设在图强镇。阿木尔区实行政企分开，撤销阿木尔区，阿木尔镇划归漠河县领导。漠河县人民政府于1983年11月28日正式接管，其接收前一段时间由阿木尔林业局代管。同年，漠河县人民政府决定将阿木尔镇改为劲涛镇。2018年2月，经国务院批准、民政部批复，撤销漠河县，设立漠河市（县级），以原漠河县的行政区域为漠河市的行政区域

1.3 研究内容与研究方法

1.3.1 研究内容

本书通过回顾和梳理城市收缩相关文献，进而建立多维度指标体系来识别收缩城市，探究城市收缩在时空上的演变规律和内在机理，提出应对城市收缩现象的策略和规划。具体内容安排如下：

第1章：绪论。本章主要介绍研究背景与研究意义、研究目标与研究对象、研究内容与研究方法，以及本书的主要创新点。

第2章：相关概念与理论基础。本章主要介绍本书涉及的相关概念，如城市收缩、城市扩张等，以及本书的理论基础。

第3章：研究进展及述评。本章主要介绍我国城市收缩的研究进展，并提出本书的框架体系。

第4章：东北地区城市人口收缩的时空格局演化研究。本章是研究的核心内容，分别利用全国人口普查数据与统计年鉴数据来识别东北地区的城市人口收缩问题。利用第五次全国人口普查、第六次全国人口普查、第七次全国人口普查的数据，分别基于省域层面、地级市层面、县区层面分析东北地区在2000—2020年的人口收缩问题。利用统计年鉴中的人口密度数据分别基于全市层面、市辖区层面、县域层面来分析东北地区在1995—2020年的人口收缩问题。

第5章：东北地区城市空间扩张的时空格局演化研究。本章从城市空间的发展变化来识别城市空间扩张演化。选择城市建成区、城市建设用地、居住用地空间、城市绿地空间、城市建成区绿化覆盖空间5个指标来识别东北地区34个地级市在1995—2020年的空间扩张问题，揭示东北地区城市空间扩张的时空差异及演化过程，以此作为衡量空间扩张与人口收缩适配研究的基础。

第6章：东北地区城市收缩与扩张的适配格局研究。本章主要分析城市人口收缩与城市建成区、城市建设用地、城市绿地、城市建成区绿化覆盖空间的扩张的适配分析。通过适配分析，厘清东北地区城市收缩与扩张的适配程度，为东北地区城市未来的发展提供理论依据。

第7章：东北地区城市综合收缩的时空格局演化。本章从人口维度、空间维度与经济维度3个层面构建东北地区城市发展综合指数。人口维度包括城市人口密度、年末总人口、自然增长率3个指标；空间维度包括城市建成区面积、城市绿地面积2个指标；经济维度包括人均地区生产总值、地区生产总值增长率2个指标。通过计算东北地区34个地级城市1995年、2000年、2005年、2010年、2015年、2020年的城市发展综合指数来识别1995—2000年、2000—2005年、2005—2010年、2010—2015年、2015—2020年的城市收缩水平，揭示东北地区城市收缩的时空演化过程。

第8章：东北地区城市收缩与扩张的驱动机制。本章从经济总量、工业发展水平、服务业发展水平、公共服务水平、科技支撑水平、教育支撑水平、教育水平、对外开放程度、绿化水平、交通可达性10个方面构建东北地区城市收缩与扩张的影响因素指标体系，运用地理加权回归模型识别影响因素的作用程度及空间分异情况，揭示东北地区城市收缩与扩张的驱动机制。

第9章：结论与展望。总结本书的研究结论，指出研究的不足，提出研究展望与未来研究方向。

1.3.2 研究方法

1）文献研究法

通过文献的查阅，总结归纳城市收缩的概念特征、内涵及已经开展的主要研究内容体系等，并发现现有研究的突破口，构建本书的研究理论框架，确定研究思路与技术路线，确定研究方法体系。

2）GIS空间分析法

本书中多处运用GIS分析将研究的结果数据进行可视化表达。第4章中从县区与地级市的空间尺度对东北地区的人口收缩情况进行了可视化表达。第5章中从地级市的尺度对东北地区的空间扩张情况进行了可视化表达。第8章中首先运用地理加权回归模型对东北地区城市收缩与扩张的影响因素进行了识别，然后将影响因素的作用强度进行了地级市尺度的空间可视化表达。

3）比较研究法

本书的研究对象是由辽宁省、吉林省与黑龙江省构成的东北地区，研究范围包括县区、地级市、省域3个层面。在研究中对各县区的人口收缩情况进行了空间分异的比较分析；对地级市层面的人口收缩情况、空间扩张情况、人口与空间的适配情况、影响因素情况进行了比较分析；对省级层面的人口变化与收缩情况进行了比较分析。

1.4 主要创新点

（1）利用普查数据与统计数据对东北地区的城市从多个层面不同尺度进行了收缩识别，并应用多个城市发展空间指标对城市的空间扩张问题进行了判别。利用第五次全国人口普查、第六次全国人口普查、第七次全国人口普查的数据，分别基于省域层面、地级市层面、县区层面分析东北地区在2000—2020年的人口收缩问题。利用统计年鉴中的人口密度数据分别基于全市层面、市辖区层面、县域层面分析东北地区在1995—2020年的人口收缩问题。选择城市建成区面积、城市建设用地面积、居住用地面积、绿地面积、建成区绿化覆盖面积，从不同的城市用地空间变化情况识别东北地区城市扩张态势。

（2）分析了城市人口收缩与空间扩张的适配格局。分析了城市人口收缩与城市建成区、城市建设用地、城市绿地、城市建成区绿化覆盖空间的扩张的适配程度。通过适配分析，厘清了东北地区城市收缩与扩张的适配程度，为东北地区城市未来的发展提供理论依据。

（3）运用地理加权回归模型从不同的时间维度对城市收缩与扩张的影响因素进行了识别。依据构建的城市综合发展指数指标体系，研判东北地区城市综合发展情况，并以此作为城市收缩与扩张的因变量，选择与城市收缩和扩张紧密相关的因素，运用地理加权回归模型识别东北地区2005年、2010年、2015年与2020年城市收缩与扩张的影响因素，为东北地区城市可持续发展提供实践指导。

第2章　相关概念与理论基础

2.1　相关概念

2.1.1　城市收缩

从实践视角来看，城市收缩（Urban Shrinkage）的概念起源于以美国、德国和英国为主，处于城镇化后期的西方发达国家，是指由于全球化、去工业化、郊区化、资源枯竭和自然灾害等原因引起的以人口密度下降为主，伴随经济下滑、就业减少、生态环境恶化以及社会动荡等问题的现象。从广义上看，城市收缩是人口、经济、社会、生态环境和文化等方面的衰退；从狭义上看，城市收缩是指城镇地区人口持续地流失且具有永久性流失的特征。城市收缩现象可以发生在中心城区，亦可以发生在小城镇等多种空间尺度地区。

从学术视角来看，“城市收缩”一词源于德语“Schrumpfende Städte”，最初用于描述20世纪中期德国因去工业化而出现的人口流失和经济衰退现象。早期西方学者习惯用“疾病”（Blight）、“衰退”（Decline）、“衰败”（Ecay）、“去城市化”（Urbanization）、“城市危机”（Urban Risis）来表达城市化过程中出现的人口流失和经济倒退的现象。“城市收缩”概念最早是由德国学者HauBermann和Siebel在1988年正式提出的，用来说明德国一些城市在去工业化进程中，人口大量流失、经济衰退和局部地区出现空心化的现象。

“城市收缩”在进入21世纪之后逐渐获得人们的关注。例如，在国际政策研讨会上，“城市收缩”已形成一种框架，包括人口流失的相关后果、影响因素、规划策略等内容。此后，“城市收缩”研究逐渐从关注规模的人口计量研究转向关注动因机制与后续影响的城市规划学研究框架之中。在此过程中，因为语言不通和缺乏术语限定，所以“城市收缩”的概念解释与宣传大大落后于对收缩问题本身的研究。

目前最常运用的概念是由国际收缩城市研究网络（SCIRN）所提出的，其认为收缩城市应该满足以下条件：（1）人口规模在1万以上的城市区域；（2）面临人口流失超过两年；（3）经历结构性的经济危机（经济结构或产业部门结构急剧变动所造成的供需之间比例失调，从而引起经济增长停滞、失业率上升、人口流失等问题）的经济体制转型与变迁。

与国外相比，我国城市收缩的研究起步较晚。2012年，在吴志强主导下，《收缩的城市》一书编译并首次将城市收缩的概念呈现在学界视野。2014年，清华大学龙瀛教授、中山大学李郇教授等联合发起中国收缩城市研究网络，城市收缩的研究在国内引起学界的热议。

对于收缩城市的概念界定，学术界尚未达成统一和清晰的共识，目前普遍认可的收缩特征主要是一段时间内的人口流失现象。学者们从狭义和广义两个层面定义了城市收缩：狭义的城市收缩是指城市人口持续外流，并存在永久性流失的特征；广义的城市收缩是指城市的人口、经济、社会、环境等出现全面衰退，即城市不仅面临人口流失现象，同时也存在经济萧条、土地房屋空置或被废弃的现象。

结合国内外的学术研究及发展实践，本书认为城市收缩是人口规模在10万以上的城镇地区，在发展阶段中出现人口下降趋势，且伴随着人口下降，经济、社会、空间、文化等多方面呈衰退发展趋势的一种现象。

2.1.2 城市扩张

城市扩张一般指城市的空间扩张，衡量城市空间的指标以土地利用相关指标为主。城市扩张可以采用两种形式，一种是在中心城区挖掘潜力，增加人口密度，提高用地集约度；另一种是城市建成区不断向外围农村扩张。在西方，城市空间的低密度扩张通常被称作“城市蔓延”。城市土地开发、利用是城市建设和发展的必要前提，所以城市发展必然会导致阶段性的城市扩张，其存在具有一定的合理性。但在发展到一定阶段后，应该精准地确定城市空间扩张模式，使其与城市人口、经济与社会发展相匹配。

因此，城市扩张是城市发展的一个必经阶段，本书认为城市扩张主要体现在城市建设用地的增长，城市建成区面积的增大，城市居住、绿地及建成区旅游覆盖面积逐步增加。

2.1.3 精明增长

精明增长（Smart Growth）理论是20世纪西方一些发达国家针对城市日益严重的无序蔓延而提出的城市发展理论。该理论产生的背景主要是美国低密度的郊区化蔓延，以及城市快速扩张对生态空间和农业空间的吞噬。该理论的核心是充分提高土地利用效率，实现城市的紧凑、高效、集约发展。通过精明增长，提高土地利用效率和人们生活质量，严格控制城市的增长边界，避免城市的无序蔓延，保护城市生态环境与农业用地。精明增长理论产生的背景与当前的城市收缩背景具有极大的相似性，精明增长理论为城市精明收缩理论的形成奠定了基础。精明增长理论是应对城市蔓延的产物，其倡导实施精明的增长计划来促进社会的可持续发展。

2.1.4 精明收缩

精明收缩理论的传统内涵：（1）作为城市管理模式出现，倡导集约型城市建设。(2)主要针对规模不大或传统的工业城市因人口减少而产生的经济和物质环境等问题。(3)强调公众意识在城乡发展规划中的作用，尊重自然发展规律和使用者意愿。

相较已具有较为清晰理论体系的精明增长理论，精明收缩理论出现的时间较晚，是对前者的深化与补充。二者在作用对象、核心理念、资源配置、实施措施等方面既有联系又有区别。

与传统的精明增长理论相比，精明收缩理论更注重对衰退收缩型城市（基于去工业化、资源枯竭等历史原因导致的人口流失、城市职能弱化等）的修补和复兴，最终起到“延年益寿”“返老还童”的预期效果。精明增长理论在城市蔓延、土地粗放开发方面秉承“围堵”的控制手段，而精明收缩理论注重“疏导”的建议手段。

我国对城市精明收缩理论的研究大概开始于2011年，“精明收缩”的思想最早是由清华大学黄鹤等学者在2011年引进的，他们对英国、德国、美国、加拿大等国家的实践经验进行梳理，认为精明收缩理论的中心理念是：寻找城市人口减少的发展潜在动力并付诸行动；积极而明智的精明收缩规划策略取代被动而低效的萎缩衰退，以正面应对城市的规模缩小。

2.2 理论基础

2.2.1 城市发展阶段理论

20世纪初，英国生物学家盖迪斯（Geddes）在其著作《Cites in Evolution》一书中，首先将城市发展与生命周期结合起来，认为城市发展符合生物进化论，与生命一样存在发展周期。20世纪中后期，Hall正式提出城市发展周期理论。该理论用来解释城市兴起、发展、繁荣、衰退、再生的过程，指出城市在不同发展阶段有不同的发展特征，并以人口变化率为基础，阐述了城市发展将在城市化、郊区化、逆城市化、再城市化的周期中循环反复。同时，将城市划分为中心区域和外围区域，进一步划分出绝对集中式城市化、相对集中式城市化、相对分散式郊区化、绝对分散式郊区化、绝对分散式逆城市化、相对分散式逆城市化、相对集中式再城市化和绝对集中式逆城市化8个过程。

根据城市发展阶段理论，城市出现收缩是其发展过程中的一个演化阶段，出现收缩问题后，应该及时对城市的发展进行战略谋划与调整，以应对这种收缩问题可能引发的一系列问题，而应对问题的前提是摸清收缩的本质、特征与趋势，进而有针对性地提出相关措施、抑制收缩，使城市重新走上发展正轨。

2.2.2 循环累积因果理论

循环累积因果理论是经济学家Myrdal于1957年提出的，该理论认为在社会经济发展的动态过程中，社会经济要素之间存在着循环累积的因果关系。在循环累积过程中，区域的发展会产生两种效应，一种是回流效应，另一种是扩散效应。回流效应指不发达地区的劳动力、资金、技术等生产要素受发达地区的吸引，会流向发达地区，导致不发达地区发展要素缺失，发展更慢。扩散效应是指发达地区经济发展到一定水平后，其生产要素会流向不发达地区，促进不发达地区的发展。

根据循环累积因果理论，在全球化和市场化的作用下，人口、资金、技术等要素会从相对落后的地区流向发达地区，使发达地区的优势越发明显而持续集聚；而落后地区由于要素的流失导致其发展环境进一步恶化，人口持续流出，流向发达地区，从而出现了落后地区的城市持续收缩、发达地区的城市持续扩张的现象。这个理论恰好解释了城市收缩这一现象。

2.2.3 精明收缩理论

欧美发达国家的一些城市在城镇化和工业化到达一定程度后，产生了人口减少、用地荒置、经济萧条等问题。其中，美国“锈带”地区的圣路易斯、克利夫兰、底特律、布法罗等城市是工业收缩城市的典型，面对这种人口和社会经济危机，相比通过城市规划、土地重新开发、人口引进等增量型发展方式或者转型依靠知识经济刺激发展的思路，老工业城市只能通过缩小城市规模，提升土地利用率来解决当前的人口与土地问题，因为其不具备增量发展的优势和竞争力。在这样的背景下，美国罗格斯大学的弗兰克教授及其夫人提出了“精明收缩”的概念：“更少的规划、更少的人、更少的建筑、更少的土地利用”。这种在更小的用地范围内、更少的人口背景下以积极、合适的态度制定规划的理念符合现实情况人口流失和经济衰退的大背景，通过资源退出和重组优化能维持城市密度、维持城市活力和保障城市剩余人口的生活质量，从而营造健康、可持续的城市居住环境，利用收缩找到城市发展和复兴的转机。

西方国家精明收缩的实践主要包含以下6项工作：（1）编制城市精明收缩规划；（2）重新定位城市功能；（3）城市中心区改造与升级；（4）城市产业与功能转型；（5）城市废弃地再利用；（6）城市文化设施空间建设。

由此可见，城市收缩只发生在一些特定的城市，而不是所有的城市都会面临收缩，收缩不一定是坏事，可能是由于城市的发展阶段该进入下一个周期，在区域中继续发挥其作用。因此，我们要正视城市的收缩，找出应对收缩的规划策略，实施精明收缩模式。

第3章 研究进展及述评

3.1 人口维度的城市收缩研究

宫攀等（2022）以近三次全国人口普查数据识别收缩型城市，揭示其人口结构特征，并利用Dagum基尼系数、标准差椭圆等方法分析我国第七次全国人口普查期间城市收缩时空演化的新趋势、新格局与新特点。郑洁等（2022）采用熵值法计算了2006—2019年长江经济带108个地级及以上城市的人口指数，并以人口指数的变动识别人口收缩城市，最后使用面板计量模型探究城市人口收缩的影响因素。许笑维等（2022）将116个设区资源型城市市辖区作为研究对象，以总人口和在校小学生为主要指标，识别其人口增长与收缩状况，并探讨了人口收缩与资源型城市类别的关系。程瑶等（2021）利用2009—2018年的常住人口数据对长三角地区地级及以上城市进行收缩研究，结果发现已有中小城市出现人口收缩，且常住人口规模越小、收入水平越低、距离区域内中心城市越远，出现人口收缩的可能性越大。张明斗等（2020）以第五次与第六次全国人口普查数据为基础，对东北地区城市收缩问题进行系统研究。研究发现东北地区有13个城市出现收缩现象，主要集聚在东北地区边缘地带，65个市辖区出现收缩，124个市辖县出现收缩，全域型收缩城市有4个，中心型收缩城市有5个，边缘型收缩城市有4个。李彤辉等（2020）以河南省为对象，运用空间自相关方法、普通OLS模型和实地调研的方法对2000—2010年、2010—2016年河南省人口变化现象进行空间格局及影响因素研究。杜金莹等（2020）以南通市为研究对象，利用常住人口与户籍人口数据对其进行收缩研究。结果显示，南通市是江苏省人口收缩现象最为明显的城市。基于南通市属于人口流入地区与流出地区的边界城市，通过对13个指标进行主成分分析，探讨南通市的收缩特征，发现南通市是一个伴随着综合实力衰退的收缩城市。杨建龙等（2019）运用典型相关方法，定量分析资源枯竭型城市人口收缩与经济发展的关系，结果表明：人口总量是影响资源枯竭型城市经济发展的最主要因素，并与经济发展呈现出正相关，人口老龄化和自然增长率与经济增长呈现负相关。杜志威等（2019）基于人口变化的视角，分别对2000—2016年广东省县级以上城市的常住人口与户籍人口进行动态观察，分析不同类型城市人口收缩的时间变化与空间分布。邓沛勇等（2018）以中国县域单元城镇人口为研究对象，基于2000年和2010年全国人口普查数据研究中国人口收缩程度及其空间分异问题，并对人口收缩的影响因素进行了分析。结果显示，经济发展水平、产业结构、城镇化、人口结构以及行政管理体制均具有一定的解释力，对城镇人口收缩影响较大。

3.2 空间维度的城市收缩研究

杨东峰等（2015）利用我国第五次和第六次全国人口普查资料和2000年、2010年的城市航空影像资料，通过人口流失指数及空间扩张指数的测算，对城市收缩悖论进行现象观察和类型学描述。研究发现，2000—2010年，我国180个收缩城市中有169个城市的建成区范围呈现了不同程度的扩张，表现出人口收缩与空间扩张同时发生的城市收缩主流模式。张莉（2015）以四川省和河南省信阳市为例，提出了中西部地区普遍存在的增长的城市和收缩的区域的人口分布现象，分析了大规模人口迁移对流出地人口结构、经济发展和社会发展的深远影响，并提出相应的对策，为中国城镇化发展和规划实践提供借鉴。龙瀛等（2016）通过对我国多年的大量精细化数据的分析，发现我国城市化进程中出现的四方面现实问题，即快速空间扩张与过度呼吁存量规划之间的悖论、局部人口收缩与广泛存在的规划人口膨胀之间的悖论、中高强度建筑开发与低密度人类活动之间的悖论，以及行政地域的城市和作为实体地域的城市之间的悖论。张洁等（2019）选取黑龙江省四大煤城为研究对象，建立煤炭资源枯竭型城市空间要素特征与人口收缩程度的关联性评价体系，并提出针对双鸭山市各类空间要素的适应性收缩策略，为同类收缩城市的空间发展提供理论支持与实践指导。杨青等（2020）通过对湖北省82个县（市、区）的常住人口变化率和人口净流量进行交互分析，引入城乡建设用地脱钩模型和人口土地城镇化协调指数，分析人口收缩区域建设用地结构和城镇化协调类型。余海燕等（2020）以皖南地区35个县级行政单元为研究区域，通过GIS空间分析和数理统计相结合的方法，分析皖南地区县域人口收缩与增长空间特征及影响因素。结果表明：在2000—2010年、2010—2017年两阶段内皖南地区县域人口收缩与增长并存且在空间上存在分异，根据两阶段之间的相互转化关系，将县域类型划分为持续增长、显著增长、持续收缩、显著收缩4种类型。此外，其定量分析了皖南地区2000—2010年、2010—2017年这两阶段县域人口收缩与增长的影响因素。

3.3 经济维度的城市收缩研究

张静等（2022）利用2000—2015年湖北省人口数据，分析了湖北省91个县级行政单位2000—2015年的人口收缩空间变化特征，并进一步对人口变化过程中的经济与空间维度的演变格局进行交叉分析，同时利用时空加权地理回归模型探究人口收缩的影响机制。张梦梦等（2022）构建了人口、经济增长与收缩的判别标准和理论框架，探究了黄河流域5 268个乡镇增长与收缩的格局及影响因素。研究显示：黄河流域乡镇人口、经济增长与收缩并存，不同增长与收缩类型的乡镇应当探索因地制宜的增长与转型路径。曲阳阳等（2020）分析了黑龙江省资源枯竭型城市人口与经济现状，以及基于典型相关的经济与人口联动发展理论，提出转变思想观念并全面理解人口收缩，完善相应政策以避免出现少子化、老龄化，平衡产业结构以形成人口回流引力等利用经济与人口的联动关系治理人口收缩的对策建议。张明斗等（2020）基于人口总量与经济规模的二维空间体系探索性分析了广义城市收缩，并对其生成逻辑进行深入探讨，结果显示：中国的城市经济收缩主要集中于东北与内蒙古地区；而人口收缩主要集中于东北、中部以及川渝地区。董丽晶等（2020）运用集对分析和弹性评估相结合的研究方法，以东北收缩城市阜新市为例，分析1997—2016年阜新市城市经济系统的弹性变化趋势及障碍因素，并提出相应的对策建议。张明斗等（2020）分析了中国的城市收缩及异质性对经济发展产生的影响，并深入分析了收入水平的调节效应。结果显示：城市收缩会阻碍经济发展，青少年人口、劳动力人口和工业就业人口的收缩也会对经济发展产生阻碍效应；而老年人口和农业就业人口的收缩则会促进经济发展。收入水平的提高在一定程度上可以弱化城市收缩对经济发展的阻碍效应。邓琰如等（2020）分析了我国城市收缩对于公共服务水平的影响，并讨论了异质性劳动力收缩对于公共服务的不同影响。以经济发展水平作为调节变量，发现经济发展水平的降低会促进政府竞争从而提供更多的公共服务，并从侧面探讨了我国当前出现"收缩悖论"现象的原因。刘贵文等（2019）选取了329个城市研究其人口变化表现，并从中筛选出64个收缩城市，进一步利用人口和经济两个特征对已识别的收缩城市的本质进行界定。

3.4 综合维度的城市收缩研究

张建波等（2022）利用人口与经济变化组合关系和二分类Logistic回归模型，探索吉林省城市发展的空间分异现象及成因。研究发现：吉林省形成了绝对增长型、绝对收缩型、精明增长型和人口集聚中心4种城市发展类型。产业结构、企业组织、政府调控以及集聚-扩散效应是吉林省城市增长与收缩分化的成因。杨友等（2021）运用熵值法从经济、人口、社会和空间4个维度13项指标，对张家口市城市收缩问题进行了研究。研究发现：2014—2019年，张家口市在经济、人口、社会和空间4个维度还未出现收缩现象，都处于轻度增长阶段。张鑫（2021）以陕西省107个区县为研究对象，使用2010—2019年的社会经济类数据、人口数据、夜间灯光数据等，从人口、经济、产业、社会、空间5个维度构建了收缩城市的评价指标体系。张帅等（2020）构建了城市收缩综合评价指标体系，并对中国288个地级以上城市进行评价。研究显示：2011—2017年，我国综合收缩城市10个，人口收缩城市41个，经济收缩城市28个，社会收缩城市3个，且不同类型收缩城市的严重程度存在区域差异。交通状况、环境质量、人口增长和科技创新是城市收缩的主要影响因素。吴思宇等（2020）以东北地区34个地级市为研究对象，从人口、经济、社会、空间4个维度构建了城市收缩的评价指标体系，并进行了收缩程度识别，研究发现：70%以上的城市处于收缩状态，辽宁省和黑龙江省城市的收缩程度较高。12个重度收缩型城市按照指标差异可划分为以资源枯竭为导向的绝对收缩型城市和以周边城市虹吸作用为导向的相对收缩型城市。李刚等（2019）从人口、经济、社会与空间结构4个层面构建指标体系，分析安徽省城市收缩问题，并对城市收缩的影响因素进行了识别。结果显示：人口迁出率和老龄人口比重等指标的增长对城市收缩具有显著促进作用；人口增长率、人口密度、劳动年龄人口比重、人均生产总值增长率、第三产业比重、社会固定资产投资总额增长率、人均缴税水平、城市建设用地面积、城镇化率、城镇社区服务设施数等指标的增长会抑制城市收缩。林雄斌等（2017）基于地级市尺度的人口、劳动力、经济、空间扩张和财政状况等数据，建立综合评价体系测度城市收缩现象，并建立回归模型分析城市收缩的影响因素。研究发现：我国一些城市开始呈现收缩态势，其中东北、中部地区等城市比较明显。在影响因素上，劳动力增加、经济增长和就业规模扩大有助于促进城市增长，而空间扩张、失业和财政收入减少等会加剧城市收缩。

3.5 城市收缩的影响因素研究

沈撄宁（2022）从人口、经济和社会空间结构三个层面建立城市收缩指标体系。对安徽省城市收缩问题进行了分析，并识别影响城市收缩的因素。结果显示：提高人口迁出率和老龄化人口比重等指标会加剧城市收缩，而提高人口密度、劳动人口比重、人均生产总值增长率和第三产业比重等指标对城市收缩具有抑制作用，能提升城市综合发展水平。高杰等（2022）通过第六、七次全国人口普查数据，识别出2010—2020年共有155个城市出现收缩现象，利用面板数据模型从经济、社会和制度3个方面探究了城市收缩水平的影响因素。结果显示：基础设施建设和固定资产投入能显著抑制城市的收缩程度，外商投资和政府支出则会加剧城市的收缩程度。孙平军等（2022）利用第五、六、七次全国人口普查数据对成渝地区双城经济圈收缩城市的时空分异及其影响因素进行了实证分析。结果显示：2000—2020年，成渝地区双城经济圈内部接近75%的城市出现收缩现象。老龄化程度严重，产业经济、投资消费、财政保障等的“双核”极化和地形本底约束，是导致收缩城市及其格局形成与发展的主要动因。乔泽浩等（2021）运用Pearson相关分析和多元线性回归方法，探讨延边朝鲜族自治州城市收缩状况及影响因素，发现经济收入与存款余额是城市收缩的主要影响因素，区域城镇化水平的空间分异是人口流动的动因。闫广华等（2021）运用多元线性回归方法和随机森林回归方法识别了东北地区城市收缩的影响因素。结果显示：人均GDP、科学教育事业费、在岗职工平均工资等的提高在不同程度上抑制城市收缩，失业率提高加快了城市收缩进程。钱凤魁等（2021）对辽宁省的城市收缩类型及收缩发展态势进行了研究，识别了城市收缩的影响因素。城市类型、城市化水平及城市空间扩张等因素对城市收缩均具有显著影响。陈蕊（2021）以我国615个建制市为研究对象，从人口、经济、空间3个维度构建指标体系，对2009—2019年各类收缩型城市进行识别，并运用面板数据模型从人口、经济和城市建设3个方面探究收缩型城市的影响因素。陈肖飞等（2020）利用第五次和第六次全国人口普查数据，以黄河流域为对象，对城市收缩的空间特征及影响因素进行研究。结果显示：自然生态条件和政府特殊政策、产业结构转变中人口供给侧不足、人口龄级结构和家庭结构改变、中心城市发育不足和辐射带动能力较弱等因素共同导致了黄河流域部分城市收缩，但其内部仍存在典型异质性。张雅杰等（2019）利用第五次和第六次全国人口普查数据，分析长江经济带城市收缩的空间分异，并利用相关性分析识别长江经济带城市收缩的影响因素。结果显示：产业结构变动、人口老龄化和城市化水平差异是引起长江经济带城市收缩的核心因素。

3.6 东北地区城市收缩研究

1）*以东北地区为对象的收缩研究*

顾从伟（2017）从收缩城市的识别与类型、机制与问题以及经验启示、案例研究多层面对东北地区收缩城市进行研究。具体研究内容如下：首先对东北地区收缩城市（包括地级市和县级市）进行识别和类型划分，即运用各类设施的POI数据，对城市内的设施服务水平进行级别划分，形成类型Ⅰ、类型Ⅱ、类型Ⅲ 3种类型。其次，对东北地区城市收缩的机制进行探讨，从人口、用地与产业3个方面进行。刘风豹（2018）基于人口、DMSP/OLS夜间灯光数据等多维度，从地级、县级等多尺度，采用ArcGIS、数理统计等方法量化识别收缩现象，发现东北地区城市收缩呈现全域性、非均衡性、发展悖论性和假性收缩等特征。田苗（2018）基于DMSP/OLS夜间灯光数据和相关统计数据，开展了东北地区城市收缩格局演变和收缩城市的空间动态分布研究。构建了收缩-灯光指数模型，对1992—2013年东北地区进行了收缩城市的判定和识别，运用熵值法对各收缩城市进行收缩指数测算，根据收缩指数划分各收缩城市的收缩程度。范佳慧（2018）基于第五次和第六次全国人口普查数据和2008年、2014年统计年鉴数据，从地级市层面和区县层面，以常住人口、户籍人口、年末总人口等指标考察了东北地区城市收缩的空间分布特征，并对可能影响收缩的五个方面因素进行识别和机制分析。付苗（2020）通过2000—2017年东北地区县和县级市城镇人口变化率反映县级城市的增长与收缩状态，分析其格局与特征，依据收缩城市的差异性划分收缩类型，从人口、经济、社会等层面分析县级城市收缩的影响机制，并根据收缩城市特征，提出调控措施。郭淑睿（2020）运用人口密度指标构建城市收缩度，对东北地区34个地级市的收缩状况进行测度，分析城市收缩的空间格局演变规律；在对东北地区城市收缩影响因素定性分析的基础上，运用固定效应模型，从经济发展水平、产业结构、投资规模、劳动工资和政策等角度，选取相应指标构建城市收缩影响因素实证模型，得出影响因素的定量分析结果，并在此基础上提出针对性建议。Ma等（2020）从区域角度分析了中国典型的受城市收缩影响的东北地区城市收缩的问题。结果表明：64个县级市出现收缩现象。总计34.62%的收缩城市被划为精明增长城市，以经济增长和人口流失为特征；65.38%的收缩城市被划为绝对收缩城市，同时遭受经济和人口下降的困扰。从中心城市与收缩城市之间的联系可以发现：中心集聚导致周边收缩、地级市自身收缩和中心扩散导致周边收缩。孙平军（2021）构建了基于“二步诊断法”的城市收缩识别体系及其类型划分标准，针对中国最具典型性和代表性的东北三省开展城市收缩的实证分析。结果表明：东北三省存在明显的城市收缩现象，且呈现出区域化的发展演化趋势；整体可归纳为资源依赖型收缩城市、“虹吸”型收缩城市、综合型收缩城市及区位制约型收缩城市4种模式，其中资源依赖型收缩城市是主体，占收缩城市的2/3。田颖（2021）以东北地区174个区县（市）为研究单元，从人口发展、经济发展、社会公共服务和政府财政4个维度构建东北地区城市发展综合评价指标体系，测算2000—2018年各研究单元的城市发展综合指数，通过对比末期与基期综合指数变化来判断城市增长与收缩的状态。吴思宇（2021）以东北地区34个地级市的市辖区作为研究对象，从人口、经济、社会3个维度，选取2007—2018年的13个评价指标构建东北地区城市收缩模型。运用改进TOPSIS法对东北地区城市市辖区收缩情况进行测度并将结果与东北地区的土地利用相结合，提出土地利用调控的具体措施。高星等（2021）通过构建城市收缩评估指标体系，对东北三省36

个地级市进行研究，并运用空间分析方法与灰色预测模型分析城市收缩的空间分布格局。结果显示：东北三省大部分收缩型城市都在辽宁省，收缩情况最严重；东北三省的收缩型城市已经呈现出集聚现象，且存在不同聚集水平分区。和军等（2022）从人口维度、经济维度、社会维度、城市发展维度、空间维度5个方面构建了东北地区城市收缩的识别指标，利用熵值法构建城市收缩度指标对东北三省34个地级市进行识别测度，共识别出22个收缩城市。这些收缩城市以中度和重度收缩为主，从驱动因素看，可分为资源枯竭型、产业调整型和被动虹吸型3种收缩城市类型。

2）以省域为对象的收缩研究

李元伟（2016）基于吉林省第五次和第六次全国人口普查资料，并结合对应年份的社会经济指标数据，分别从就业人口、户籍人口、常住人口、人口密度等指标进行定性与定量分析，结合国内外研究经验和研究区域具体情况，利用相关分析方法识别了影响吉林省城市收缩的5方面因素。杨琳（2017）通过分析吉林省收缩城市的人口、经济、空间方面的表现特征，选取26个收缩城市样本的人口、经济、公共服务3类指标，构建起量化描述吉林省城市收缩的影响因素指标体系，提取出影响吉林省城市收缩的主要因子，结合洮南市规划实践，探索研究应对城市收缩的规划策略、指导原则与行动模式。杨琳等（2018）以第五次和第六次全国人口普查数据为基础，在吉林省共计48个行政单元中识别出了26个收缩城市，总结了其收缩的发展进程及空间分布特点，进而从外部和内部两方面深入分析吉林省城市收缩的影响因素，最终归纳出影响因素的综合作用机制，以期为吉林省收缩城市的相关规划提供借鉴与参考。陈子豪（2019）以人口年均增长率作为收缩城市的测度方法，识别出黑龙江省有10个地级市处于总人口收缩状态；然后分别从市辖区人口变化程度、经济变化程度、用地变化程度3个方面对黑龙江省收缩城市的发展概况进行分析，试图从中选取具有显著特征的收缩城市作为研究对象。分析发现：七台河市不论在收缩城市识别中的总人口收缩程度，还是在收缩城市发展概况分析中的市辖区人口变化程度、经济变化程度、用地变化程度方面均呈现出显著特征。钱凤魁等（2021）对辽宁省城市收缩综合测度及影响因素进行了研究，结果显示城市收缩已成为辽宁省城市发展的必然阶段和面临的主要问题，需主动适应城市收缩态势，合理规划城市国土空间布局，缓解空间扩张—人口减少悖论问题，建立辽宁省主要资源型城市转型发展的有效路径。绝对收缩型城市以传统制造业为主导产业，城市竞争力不断丧失，存在持续收缩的发展趋势。路旭等（2022）基于第五次、第六次和第七次全国人口普查数据及对应年份下的城市发展指标数据，对辽宁省各县级行政区的收缩情况进行识别，通过对不同时间跨度收缩情况的把握，量化分析影响县级城市收缩的主要因素。研究表明：辽宁省各县级行政区在2000—2010年出现收缩现象的比例较低，但在2011—2020年出现了县级城市全面收缩、非中心城市城区大量收缩的情况，城镇化进程、人口年龄结构、农村发展水平、地区经济实力和个人追求匹配度等是影响辽宁省县级城市收缩的主要因素。

3）以城市为对象的收缩研究

李晨卉（2017）以东北地区地级市（伊春市、鹤岗市、鸡西市、抚顺市、铁岭市）作为收缩城市的研究样本，研究城市收缩的影响因素并提出政策建议。孟祥凤（2019）以东北典型老工业城市——四平市为研究区域，从宏观与微观两个角度研究四平市土地利用、城市用地的时空演变特征，在此基础上，从人口、经济和用地3个方面对四平市城市收缩的现象进行定量研究，对存在的问题进行深入剖析，确定四平市城市收缩的驱动机制和类型特征。胡语宸等（2020）以黑龙江省鸡西市、鹤岗市、双鸭山市、七台河市为研究案例，从城市比较研究的思路入手，利用均方差决策法、偏最小二乘法等方法定量化表征4市的增长与收缩过程并分析其影响因素。宫思羽等（2020）通过查阅整理2010—2019年《中国城市统计年鉴》，筛选出齐齐哈尔市、鸡西市、鹤岗市、双鸭山市、伊春市、七台河市、黑河市和绥化市8个城市，从用地、人口、经济、规划4个方面进行分析。结果表明：人口流失、城市结构老化、大量闲置用地是导致城市收缩的主要原因。基于以上原因，其提出人口结构优化、产业转型、合理规划的对策，以期为其他具有相似特征的收缩城市提供发展规划参考。段利鹏（2021）以我国东北地区资源枯竭型城市为研究对象，研究森工型、煤炭型、石油型与铁矿型资源城市人口收缩程度、经济相对收缩状况与建设用地开发强度的演变特征及其差异性，基于人口、经济、用地变化的组合关系，划分资源枯竭型收缩城市的类型，探讨资源枯竭型城市收缩的影响因素与不同职能类型收缩城市的形成机理。

通过现有的研究可以看出，城市收缩研究在起步阶段主要从人口这一单一指标来开展，通过城市人口的收缩来研究城市的收缩问题，人口数据大多以全国人口普查数据为基础，大多选择第五次和第六次全国人口普查数据开展多尺度的研究，随着第七次全国人口普查数据的公布，一些学者开始应用第五次、第六次和第七次全国人口普查数据进行城市收缩研究，但并不多见。随着城市收缩研究的持续推进，已经开始有学者从综合的视角来研究城市收缩问题，主要研究过程是从人口、经济、空间等多维度构建城市综合发展指数评价体系，然后依据指数的增减来判断城市的收缩与扩张，并对城市收缩的影响因素进行识别。

但现有的研究还可以进一步探讨以下问题：现有研究更多关注城市人口收缩问题，而城市在收缩过程中的城市空间是如何变化的呢？是缩小了，还是扩张了？这是值得我们关注的问题，即研究城市收缩与扩张的适配关系。现有的研究大多从某一个尺度对于城市收缩问题开展研究，城市收缩是一个复杂问题，不同尺度下的收缩态势是否存在差异呢？这也是很值得探讨的问题。

基于以上思考，本书拟从以下方面开展东北地区城市收缩与扩张问题的研究。第一，基于全国人口普查数据与统计年鉴数据对东北地区从县区尺度、地级市尺度、省域尺度开展人口收缩的识别研究，分析各个县区、地级市、省域人口收缩的时空差异；第二，从多个维度选择城市空间扩张指标，对东北地区空间扩张问题进行识别；第三，分析东北地区城市收缩与扩张的适配格局；第四，构建城市综合发展指数，识别城市综合收缩态势；第五，揭示东北地区城市收缩与扩张的驱动机制。

3.7 本章小结

本章主要从人口维度、空间维度、经济维度、综合维度对城市收缩的主要代表性研究进展进行梳理，并对城市收缩的影响因素研究及东北地区的城市收缩研究进行了梳理，厘清了当前阶段城市收缩的主要研究问题与核心内容及存在的可继续挖掘的研究视角，为后续研究框架的构建提供了理论基础与现实依据。

第4章　东北地区城市人口收缩的时空格局演化

第五次、第六次、第七次全国人口普查结果显示，东北地区的总人口分别为10 486.417 9万人、10 951.312 9万人、9 851.494 8万人，总人口从2000—2020年减少了634.923 1万人，呈现总体减少的状态，但五普到六普，呈现增长态势。从城乡人口的分布情况来看，东北地区五普至七普的城市人口分别为5 494.871 3万人、6 315.987 7万人、6 670.268 4万人，呈现逐步增长的态势；五普至七普的乡村人口分别为4 991.546 6万人、4 635.325 2万人、3 181.226 4万人，一直呈下降的趋势，表明20年间东北地区的乡村人口一直在流失。由此可见，东北地区在2000—2020年，总人口呈下降态势、城市人口呈增长态势、乡村人口呈下降态势，总人口下降的原因在于乡村人口流失大于城市人口的增长。那么在这个过程中，辽宁省、吉林省与黑龙江省各个城市、各个县区的人口又是如何变化的呢？在东北地区人口总体收缩的情境下，各个城市、县区是否存在人口变化的空间分异呢？东北地区的人口收缩在20年间到底呈现一种什么样的变化呢？这些问题是值得我们思考的，也是值得我们反思的，摸清这些规律有助于下一步制定东北地区人口发展战略，科学规划人口与空间的多种城市发展问题。因此，本章主要以人口为切入视角，从不同的空间尺度来分析东北地区的人口收缩问题。首先基于第五次全国人口普查数据、第六次全国人口普查数据、第七次全国人口普查数据分别从东北地区的3个省域尺度、36个市州区尺度、281个县区尺度的总人口、城市人口与乡村人口3个维度进行城市收缩的识别与分析，然后利用中国城市统计年鉴中东北地区34个地级市的人口数据，从全市人口密度、市辖区人口密度与县域人口密度在1995年、2000年、2005年、2010年、2015年、2020年的变化情况来识别东北地区1995—2000年、2000—2005年、2005—2010年、2010—2015年、2015—2020年的人口收缩态势。通过人口普查数据与人口统计数据两个视角，全面揭示东北地区人口收缩的时空演化过程与时空分异规律。

4.1 基于人口普查数据的城市收缩识别

4.1.1 省域尺度的收缩识别

依据东北地区的辽宁省、吉林省与黑龙江省第五次、第六次与第七次全国人口普结果，整理3个省份3次普查中总人口数量、城市人口数量、乡村人口数量，并依据这些人口数据计算3个省份五普到六普、六普到七普、五普到七普的总人口、城市人口与乡村人口增长率，具体结果见表4-1。

从东北地区人口的变化情况来看，辽宁省、吉林省与黑龙江省第五次全国人口普查到第六次全国人口普查之间总人口数量与城市人口数量均呈增长趋势，乡村人口数量呈下降趋势。从总体人口变化来看，3个省份呈现扩张状态。从城市与乡村人口的变化来看，表现为城市扩张与乡村收缩。这一阶段的城市收缩主要表现在乡村的收缩，大部分城市呈扩张状态。

表4-1 东北地区各省五普、六普、七普人口规模与增长情况

类别	省份	五普（2000）（人）			六普（2010）（人）			七普（2020）（人）		
		合计	城市	乡村	合计	城市	乡村	合计	城市	乡村
人口数量	辽宁省	41 824 412	22 966 076	18 858 336	43 746 323	27 187 963	16 558 360	42 591 407	30 725 976	11 865 431
	吉林省	26 802 191	13 310 598	13 491 593	27 452 815	14 648 199	12 804 616	24 073 453	15 079 014	8 994 439
	黑龙江省	36 237 576	18 672 039	17 565 537	38 313 991	21 323 715	16 990 276	31 850 088	20 897 694	10 952 394
	均值	34 954 726	18 316 237	16 638 489	36 504 376	21 053 292	15 451 084	32 838 316	22 234 228	10 604 088
类别	省份	五普到六普增长情况（2000—2010）（%）			六普到七普增长情况（2010—2020）（%）			五普到七普增长情况（2000—2020）（%）		
		合计	城市	乡村	合计	城市	乡村	合计	城市	乡村
人口增长	辽宁省	4.60	18.38	−12.20	−2.64	13.01	−28.34	1.83	33.79	−37.08
	吉林省	2.43	10.05	−5.09	−12.31	2.94	−29.76	−10.18	13.29	−33.33
	黑龙江省	5.73	14.20	−3.27	−16.87	−2.00	−35.54	−12.11	11.92	−37.65
	均值	4.25	14.21	−6.85	−10.61	4.65	−31.21	−6.82	19.66	−36.02

第六次全国人口普查到第七次全国人口普查之间，辽宁省、吉林省与黑龙江省总人口数量均呈现下降态势，辽宁省与吉林省城市人口数量呈增长态势，黑龙江省城市人口数量呈下降态势。辽宁省、吉林省与黑龙江省的乡村人口数量均呈下降态势。这一阶段表现为3个省份的乡村收缩、辽宁省与吉林省的城市扩张、黑龙江省的城市收缩。

从东北地区人口数量增长率的变化情况来看，第五次全国人口普查到第六次全国人口普查之间总人口数量增长率均值为4.25%，辽宁省、吉林省与黑龙江省总人口数量增长率分别为4.60%、2.43%、5.73%，黑龙江省的增长率最高，吉林省的增长率低于东北地区平均水平，辽宁省适中。3个省份城市人口数量增长率均值为14.21%，辽宁省、吉林省与黑龙江省城市人口数量增长率分别为18.38%、10.05%、14.20%，城市人口数量增长率明显高于总人口数量增长率。辽宁省、吉林省与黑龙江省乡村人口数量增长率分别为-12.20%、-5.09%、-3.27%，辽宁省的乡村人口收缩最快，吉林省与黑龙江省相对较慢。辽宁省在这一阶段表现为城市人口数量快速增长，乡村人口数量快速收缩，城乡人口流动性较强。

第六次全国人口普查到第七次全国人口普查之间总人口数量增长率均值为-10.61%，辽宁省、吉林省与黑龙江省总人口数量增长率分别为-2.64%、-12.31%、-16.87%，均呈现人口收缩态势。其中，辽宁省、吉林省城市人口数量增长率分别为13.01%，2.94%，呈增长态势，且辽宁省城市人口数量增长速度明显高于吉林省，黑龙江省城市人口数量增长率为-2.00%，呈下降态势。3个省份的乡村人口数量增长率分别为-28.34%、-29.76%、-35.54%，均呈下降态势，且下降速度明显高于增长速度。这是这一阶段3个省份表现为城市收缩的主要原因，即城市收缩的关键是乡村的收缩。

从第五次全国人口普查到第七次全国人口普查的情况来看，东北地区在这20年中，辽宁省表现为总人口数量增长，但增长率只有1.83%。吉林省与黑龙江省总人口数量增长率分别为-10.18%、-12.11%，均呈现下降态势。3个省份的城市人口数量增长率分别为33.79%、13.29%、11.92%，均呈明显的增长态势，且辽宁省的增长较明显。3个省份的乡村人口数量增长率分别为-37.08%、-33.33%、-37.65%，均呈现快速下降态势，3个省份的乡村呈明显的收缩状态，且吉林省与黑龙江省的乡村人口下降速度高于城市人口增长速度，因此二者表现为整体的收缩状态，而辽宁省的城市人口增长速度高于乡村人口下降速度，表现为整体的增长态势。

通过以上分析可以看出，从2000年的第五次全国人口普查到2020年的第七次全国人口普查，东北地区的总人口数量呈先增长，再下降的态势，增长率分别为4.25%、-10.61%，2020年的总人口数量小于2000年的总人口数量，总体呈现收缩状态。东北地区城市人口数量一直呈增长态势，增长率分别为14.21%、4.65%，呈增长率逐渐降低的状态，表明城市人口数量增长速度逐渐变缓。东北地区乡村人口数量增长率分别为-6.85%、-31.21%，一直处于下降态势，且下降的速度逐渐加快，表明人口流失情况严重，乡村收缩明显。通过以上变化情况可以看出，东北地区的收缩问题主要表现在乡村人口的快速下降，即乡村的收缩问题。东北地区只有黑龙江省的城市人口数量在2010—2020年表现为2%的负增长，其余地区均表现了正向增长，不存在收缩问题。东北地区整体收缩的问题根源是乡村人口的收缩，这与近年来城镇化背景下的农村空心化问题相一致。在未来的发展，中东北地区的乡村振兴至关重要，这是减缓乡村收缩的重要战略依据。虽然东北地区的城市人口数量呈增长态势，但增长率在下降，如果按照这个趋势继续发展，在第八次全国人口普查中可能会出现城市人口增长进一步下降，甚至收缩的情况。

4.1.2 市、州、区尺度的收缩识别

本书依据东北地区的辽宁省、吉林省与黑龙江省第五次、第六次与第七次全国人口普结果，整理3个省份36个行政单元的总人口数量、城市人口数量、乡村人口数量，并依据这些人口数量计算36个行政单元从五普到六普、六普到七普、五普到七普的总人口、城市人口与乡村人口增长率，具体结果见表4-2和表4-3。

表4-2 **东北地区各城市五普、六普、七普人口数量情况**

序号	城市	五普（2000）（人）			六普（2010）（人）			七普（2020）（人）		
		合计	城市	乡村	合计	城市	乡村	合计	城市	乡村
1	沈阳市	7 203 717	5 066 072	2 137 645	8 106 171	6 247 700	1 858 471	9 070 093	7 665 638	1 404 455
2	大连市	5 893 692	3 734 718	2 158 974	6 690 432	4 979 140	1 711 292	7 450 785	6 135 727	1 315 058
3	鞍山市	3 584 039	2 204 629	1 379 410	3 645 884	2 449 061	1 196 823	3 325 372	2 479 691	845 681
4	抚顺市	2 260 290	1 616 393	643 897	2 138 090	1 531 774	606 316	1 861 372	1 457 326	404 046
5	本溪市	1 567 408	1 070 461	496 947	1 709 538	1 271 246	438 292	1 326 018	1 053 426	272 592
6	丹东市	2 390 524	1 311 565	1 078 959	2 444 697	1 475 118	969 579	2 188 436	1 507 471	680 965
7	锦州市	3 076 735	1 359 268	1 717 467	3 126 463	1 496 433	1 630 030	2 703 853	1 613 255	1 090 598
8	营口市	2 296 540	1 111 229	1 185 311	2 428 534	1 429 218	999 316	2 328 582	1 564 242	764 340
9	阜新市	1 889 774	840 048	1 049 726	1 819 339	954 714	864 625	1 647 280	1 015 622	631 658
10	辽阳市	1 801 207	924 563	876 644	1 858 768	1 039 033	819 735	1 604 580	1 071 626	532 954
11	盘锦市	1 261 753	734 623	527 130	1 392 493	918 461	474 032	1 389 691	1 075 688	314 003
12	铁岭市	2 823 220	1 092 582	1 730 638	2 717 732	1 145 784	1 571 948	2 388 294	1 318 021	1 070 273

续表

序号	城市	五普（2000）（人）			六普（2010）（人）			七普（2020）（人）		
		合计	城市	乡村	合计	城市	乡村	合计	城市	乡村
13	朝阳市	3 194 828	1 059 254	2 135 574	3 044 641	1 160 438	1 884 203	2 872 857	1 435 268	1 437 589
14	葫芦岛市	2 580 685	840 671	1 740 014	2 623 541	1 089 843	1 533 698	2 434 194	1 332 975	1 101 219
15	长春市	7 135 439	3 552 740	3 582 699	7 674 439	4 258 161	3 416 278	9 066 906	5 979 069	3 087 837
16	吉林市	4 485 494	2 481 880	2 003 614	4 413 157	2 486 066	1 927 091	3 623 713	1 913 767	1 709 946
17	四平市	3 292 326	1 178 496	2 113 830	3 385 156	1 407 104	1 978 052	1 814 733	935 799	878 934
18	辽源市	1 267 033	637 001	630 032	1 176 239	596 028	580 211	996 903	575 248	421 655
19	通化市	2 307 964	1 173 654	1 134 310	2 324 439	1 238 104	1 086 335	1 812 114	976 729	835 385
20	白山市	1 312 362	979 261	333 101	1 296 127	969 899	326 228	951 866	755 047	196 819
21	松原市	2 766 036	875 507	1 890 529	2 880 086	1 111 883	1 768 203	2 252 994	1 056 361	1 196 633
22	白城市	2 025 891	946 241	1 079 650	2 032 356	983 502	1 048 854	1 551 378	844 632	706 746
23	延边朝鲜族自治州	2 209 646	1 485 818	723 828	2 270 816	1 597 452	673 364	1 941 700	1 485 103	456 597
24	哈尔滨市	9 413 359	5 370 174	4 043 185	10 635 971	6 501 848	4 134 123	10 009 854	7 067 709	2 942 145

续表

序号	城市	五普（2000）（人）			六普（2010）（人）			七普（2020）（人）		
		合计	城市	乡村	合计	城市	乡村	合计	城市	乡村
25	齐齐哈尔市	5 419 621	2 238 149	3 181 472	5 367 003	2 366 355	3 000 648	4 067 489	2 181 650	1 885 839
26	鸡西市	1 946 057	1 237 968	708 089	1 862 165	1 223 140	639 025	1 502 060	1 091 691	410 369
27	鹤岗市	1 099 079	844 927	254 152	1 058 665	810 873	247 792	891 271	736 416	154 855
28	双鸭山市	1 448 349	807 926	640 423	1 462 626	890 815	571 811	1 208 803	826 703	382 100
29	大庆市	2 578 051	1 386 842	1 191 209	2 904 532	1 846 892	1 057 640	2 781 562	2 016 139	765 423
30	伊春市	1 249 621	1 126 748	122 873	1 148 126	964 391	183 735	878 881	744 000	134 881
31	佳木斯市	2 358 310	1 085 998	1 272 312	2 552 097	1 355 497	1 196 600	2 156 505	1 405 396	751 109
32	七台河市	807 440	558 308	249 132	920 471	623 337	297 134	689 611	532 126	157 485
33	牡丹江市	2 684 495	1 485 829	1 198 666	2 798 723	1 610 348	1 188 375	2 290 208	1 507 096	783 112
34	黑河市	1 671 811	650 825	1 020 986	1 673 899	880 066	793 833	1 286 401	838 921	447 480
35	绥化市	5 055 541	1 428 371	3 627 170	5 418 153	1 799 806	3 618 347	3 756 167	1 639 864	2 116 303
36	大兴安岭地区	505 842	449 974	55 868	511 560	450 347	61 213	331 276	309 983	21293
均值		2 912 894	1 526 353	1 386 541	3 042 031	1 754 441	1 287 590	2 731 230	1 837 373	897 455

表4-3　东北地区36个行政单元五普、六普、七普人口增长情况

序号	城市	五普—六普增长情况（%）			六普—七普增长情况（%）			五普—七普增长情况（%）		
		合计	城市	乡村	合计	城市	乡村	合计	城市	乡村
1	沈阳市	12.53	23.32	-13.06	11.89	22.70	-24.43	25.91	51.31	-34.30
2	大连市	13.52	33.32	-20.74	11.36	23.23	-23.15	26.42	64.29	-39.09
3	鞍山市	1.73	11.09	-13.24	-8.79	1.25	-29.34	-7.22	12.48	-38.69
4	抚顺市	-5.41	-5.24	-5.84	-19.00	-4.86	-33.36	-23.38	-9.84	-37.25
5	本溪市	9.07	18.76	-11.80	-22.43	-17.13	-37.81	-15.40	-1.59	-45.15
6	丹东市	2.27	12.47	-10.14	-10.48	2.19	-29.77	-8.45	14.94	-36.89
7	锦州市	1.62	10.09	-5.09	-13.52	7.81	-33.09	-12.12	18.69	-36.50
8	营口市	5.75	28.62	-15.69	-4.12	9.45	-23.51	1.40	40.77	-35.52
9	阜新市	-3.73	13.65	-17.63	-9.46	6.38	-26.94	-12.83	20.90	-39.83
10	辽阳市	3.20	12.38	-6.49	-13.68	3.14	-34.98	-10.92	15.91	-39.21
11	盘锦市	10.36	25.02	-10.07	-0.20	17.12	-33.76	10.14	46.43	-40.43
12	铁岭市	-3.74	4.87	-9.17	-12.12	15.03	-31.91	-15.41	20.63	-38.16
13	朝阳市	-4.70	9.55	-11.77	-5.64	23.68	-23.70	-10.08	35.50	-32.68
14	葫芦岛市	1.66	29.64	-11.86	-7.22	22.31	-28.20	-5.68	58.56	-36.71
15	长春市	7.55	19.86	-4.65	18.14	40.41	-9.61	27.07	68.29	-13.81
16	吉林市	-1.61	0.17	-3.82	-17.89	-23.02	-11.27	-19.21	-22.89	-14.66
17	四平市	2.82	19.40	-6.42	-46.39	-33.49	-55.57	-44.88	-20.59	-58.42
18	辽源市	-7.17	-6.43	-7.91	-15.25	-3.49	-27.33	-21.32	-9.69	-33.07
19	通化市	0.71	5.49	-4.23	-22.04	-21.11	-23.10	-21.48	-16.78	-26.35

续表

序号	城市	五普—六普增长情况（%）			六普—七普增长情况（%）			五普—七普增长情况（%）		
		合计	城市	乡村	合计	城市	乡村	合计	城市	乡村
20	白山市	-1.24	-0.96	-2.06	-26.56	-22.15	-39.67	-27.47	-22.90	-40.91
21	松原市	4.12	27.00	-6.47	-21.77	-4.99	-32.32	-18.55	20.66	-36.70
22	白城市	0.32	3.94	-2.85	-23.67	-14.12	-32.62	-23.42	-10.74	-34.54
23	延边朝鲜族自治州	2.77	7.51	-6.97	-14.49	-7.03	-32.19	-12.13	-0.05	-36.92
24	哈尔滨市	12.99	21.07	2.25	-5.89	8.70	-28.83	6.34	31.61	-27.23
25	齐齐哈尔市	-0.97	5.73	-5.68	-24.21	-7.81	-37.15	-24.95	-2.52	-40.72
26	鸡西市	-4.31	-1.20	-9.75	-19.34	-10.75	-35.78	-22.82	-11.82	-42.05
27	鹤岗市	-3.68	-4.03	-2.50	-15.81	-9.18	-37.51	-18.91	-12.84	-39.07
28	双鸭山市	0.99	10.26	-10.71	-17.35	-7.20	-33.18	-16.54	2.32	-40.34
29	大庆市	12.66	33.17	-11.21	-4.23	9.16	-27.63	7.89	45.38	-35.74
30	伊春市	-8.12	-14.41	49.53	-23.45	-22.85	-26.59	-29.67	-33.97	9.77
31	佳木斯市	8.22	24.82	-5.95	-15.50	3.68	-37.23	-8.56	29.41	-40.97
32	七台河市	14.00	11.65	19.27	-25.08	-14.63	-47.00	-14.59	-4.69	-36.79
33	牡丹江市	4.26	8.38	-0.86	-18.17	-6.41	-34.10	-14.69	1.43	-34.67
34	黑河市	0.12	35.22	-22.25	-23.15	-4.68	-43.63	-23.05	28.90	-56.17
35	绥化市	7.17	26.00	-0.24	-30.67	-8.89	-41.51	-25.70	14.81	-41.65
36	大兴安岭地区	1.13	0.08	9.57	-35.24	-31.17	-65.21	-34.51	-31.11	-61.89
均值		2.69	12.79	-5.46	-14.76	-1.63	-32.58	-12.19	11.98	-36.48

从表4-2中东北地区36个行政单元的平均人口变化情况来看，五普到七普期间，人口数量呈现先增长后下降的态势，东北地区的36个行政单元从五普到六普的平均总人口数量与平均城市人口数量在增长，平均乡村人口数量在下降，这一阶段的城市收缩主要表现在乡村人口的收缩；从六普到七普，平均总人口数量与平均乡村人口数量在下降，而平均城市人口数量在增长，且从五普到七普，平均城市人口数量持续处于增长态势。七普平均总人口数量低于五普平均总人口数量，总人口主要是在六普到七普之间发生了严重的收缩。东北地区36个行政单元的平均城市人口数量一直处于增长态势，平均乡村人口数量持续处于收缩态势，且平均乡村人口在七普时收缩至897 455人，远低于100万的水平。

从地级市层面也可以看出，东北地区城市收缩的主要原因在于乡村人口的持续收缩。东北地区农村的空心化问题与现象是东北地区人口流失的主要原因。

从五普到七普，东北地区人口一直在500万以上的城市有沈阳市、长春市、哈尔滨市、大连市。其中，沈阳市、长春市、大连市从五普到七普的总人口一直处于增长态势，且沈阳市和长春市在七普的总人口数均突破900万，沈阳市的总人口数量一直高于长春市。哈尔滨市的总人口从五普到七普呈先增长后下降的态势，五普到六普处于增长态势，六普时总人口数量突破1 000万，从六普到七普人口数量呈下降态势，但仍然在1 000万以上，哈尔滨市的总人口在五普时已经达到9 413 359人，这个数量已经高于沈阳市与大连市在七普时期的人口数量，哈尔滨市也是东北地区唯一在六普与七普时期总人口突破1 000万的城市。

齐齐哈尔市的总人口在五普与六普时均在500万以上，但从五普到六普总人口呈现下降态势，直至下降到七普的4 067 489人。绥化市的总人口在五普与六普时期均在500万以上，且从五普到六普呈现增长态势。但从六普到七普呈现快速下降趋势，直至下降到七普的3 756 167人。

吉林市总人口在五普与六普时均在400万以上，但吉林市的总人口从五普到七普一直处于下降的态势，在七普时下降至3 623 713人，低于400万的水平。

鞍山市、锦州市、朝阳市、四平市4个城市的总人口在五普与六普时均大于300万，在七普时鞍山市总人口大于300万，锦州市、朝阳市、四平市3个城市总人口均低于300万，发生了较大程度的收缩，其中四平市降至200万以下。锦州市与朝阳市分别降至2 703 853人、2 872 857人。从五普到六普的总人口变化中，鞍山市、锦州市、四平市在增长，朝阳市在下降；从六普到七普，鞍山市、锦州市、朝阳市、四平市4个城市的总人口均在下降，处于收缩状态。

抚顺市、丹东市、营口市、铁岭市、葫芦岛市、通化市、松原市、白城市、延边朝鲜族自治州、大庆市、佳木斯市、牡丹江市12个区域在五普与六普时的总人口均在200万以上。在七普时，抚顺市、通化市、白城市、延边朝鲜族自治州5个区域的总人口均收缩至200万以下，其余城市总人口均在200万以上。抚顺市与铁岭市从五普到七普，总人口一直呈下降趋势，抚顺市至七普时总人口下降至200万以下，而铁岭市总人口依然保持在200万以上。通化市、白城市、延边朝鲜族自治州3个区域从五普到七普的总人口呈现先增长后减少的态势，七普时下降至200万以下。丹东市、营口市、葫芦岛市、松原市、大庆市、佳木斯市、牡丹江市7个城市从五普到七普的总人口也呈现先增长后减少的态势，但七普时总人口仍然在200万以上。

本溪市、阜新市、辽阳市、盘锦市、辽源市、白山市、鸡西市、鹤岗市、双鸭山市、伊春市、黑河市11个城市在五普与六普时的总人口均在100万以上。但各城市从五普到七普的收缩变化路径各不相同。其中，本溪市、辽阳市、盘锦市、双鸭山市、黑河市5个城市从五普到七普总人口呈现先增长后减少的态势，三个普查期的人口总量均在100万以上；阜新市、鸡西市2个城市从五普到七普总人口一直呈下降态势，2个城市在三个时期总人口均大于100万；辽源市、白山市、鹤岗市、伊春市4个城市从五普到七普的总人口一直呈下降态势，至七普时分别下降至996 903人、951 866人、891 271人、878 881人，均低于100万的水平，其中辽源市总人口接近100万，而鹤岗市与伊春市2个城市总人口均低于90万。

七台河市与大兴安岭地区的总人口从五普到七普一直都低于100万，且大兴安岭地区的总人口在七普时下降至331 276人，低于50万的水平，是东北地区人口最少的行政单元，也是收缩问题最严峻的地区，其人口问题将是未来大兴安岭地区发展的关键，需要引起高度重视。

表4-3显示了东北地区36个行政单元五普到七普的总人口、城市人口与乡村人口的增长率变化情况，可以清晰看出东北地区在2000—2020年人口增长与下降的趋势。

1）从五普到六普的人口变化情况分析

东北地区36个行政单元的总人口、城市人口处于增长态势，平均增长率分别为2.69%、12.79%，乡村人口平均收缩水平为5.46%，乡村人口收缩是导致这一阶段人口流失的主要原因，但并未导致总人口的收缩，人口增长处于良性循环阶段。

辽宁省的抚顺市、阜新市、铁岭市、朝阳市，吉林省的吉林市、辽源市、白山市，黑龙江省的齐齐哈尔市、鸡西市、鹤岗市、伊春市11个城市的总人口处于收缩状态，占东北地区行政单元总数的19.44%，即这一阶段东北地区有接近1/5的城市开始出现总人口收缩问题。在这11个城市中，抚顺市、辽源市、白山市、鸡西市、鹤岗市5个城市的总人口、城市人口与乡村人口均处于收缩状态，呈现全面收缩状态。5个城市总人口的收缩水平分别为5.41%、7.17%、1.24%、4.31%、3.68%，收缩水平均在10%以内。伊春市呈现总人口与城市人口收缩，而乡村人口增长态势，乡村人口增长率为49.53%，是这一时期乡村人口增长速度最快的城市。伊春市总人口收缩水平为8.12%，是36个行政单元中收缩程度最大的。阜新市、铁岭市、朝阳市、吉林市、齐齐哈尔市5个城市均呈现总人口与乡村人口收缩、城市人口增长的态势。5个城市总人口的收缩水平分别为3.73%、3.74%、4.70%、1.61%、0.97%，均低于5%的水平。5个城市总人口的收缩是由于乡村人口收缩而引起的，而城市人口的增长速度明显慢于乡村人口的收缩速度。

在除上述11个城市的总人口呈收缩态势外，其余25个行政单元的总人口均呈增长态势。其中，沈阳市、大连市、盘锦市、哈尔滨市、大庆市、七台河市6个城市的总人口增长率在10%以上，相对于其他城市而言处于较快的增长状态。通化市、白城市、双鸭山市、黑河市4个城市的总人口增长率均在1%以下，总人口增长速度明显慢于其他增长的城市，其中黑河市的增长率只有0.12%，处于人口增长与收缩的边缘。

从东北地区36个行政单元的城市人口变化情况来看，6个城市的城市人口处于收缩状态，占所有城市的16.67%，其余城市的城市人口均处于增长态势。

黑河市城市人口增长率为35.22%，是城市人口增长最快的城市；吉林市、大兴安岭地区城市人口增长率分别为0.17%、0.08%，是城市人口增长最缓慢的2个城市，处于人口增长与收缩的边缘。抚顺市、辽源市、白山市、鸡西市、鹤岗市、伊春市6个城市处于城市人口收缩状态，其收缩水平分别为5.24%、6.43%、0.96%、1.20%、4.03%、14.41%。伊春市的收缩程度最大，收缩水平高于10%，白山市的收缩程度最小，收缩水平低于1%。除以上6个城市以外，其余城市均呈增长态势。大连市、大庆市与黑河市城市人口增长率分别为33.32%、33.17%、35.22%，均大于30%，增长速度较快，处于快速增长阶段。沈阳市、营口市、盘锦市、葫芦岛市、松原市、哈尔滨市、佳木斯市、绥化市8个城市的城市人口增长率均高于20%，处于较快的增长状态。鞍山市、本溪市、丹东市、锦州市、阜新市、辽阳市、长春市、四平市、双鸭山市、七台河市10个城市的城市人口增长率分别为11.09%、18.76%、12.47%、10.09%、13.65%、12.38%、19.86%、19.40%、10.26%、11.65%，均高于10%，处于中等增长状态。其余城市的城市人口增长率均在3%~10%。

从东北地区36个行政单元乡村人口的变化情况来看，32个城市的乡村人口处于收缩状态，占所有城市的88.89%，其余4个城市的乡村人口处于增长态势。

辽宁省、吉林省的所有行政单元的乡村人口均呈下降态势。仅有黑龙江省哈尔滨市、伊春市、七台河市、大兴安岭地区4个行政单元的乡村人口呈增长态势，其增长率分别为2.25%、49.53%、19.27%、9.57%，其余行政单元均呈现下降态势，可见东北地区的乡村人口基本呈现全面收缩状态，这也是东北地区人口收缩的主要原因。伊春市的乡村人口增长率达49.53%，是东北地区五普到六普乡村人口增长率最高的城市。七台河市乡村人口增长率达19.27%，仅次于伊春市。

大连市与黑河市的乡村人口收缩水平分别为20.74%和22.25%，均高于20%，收缩速度较快。沈阳市、鞍山市、本溪市、丹东市、营口市、阜新市、盘锦市、朝阳市、葫芦岛市、双鸭山市、大庆市11个城市的乡村人口收缩水平分别为13.06%、13.24%、11.80%、10.14%、15.69%、17.63%、10.07%、11.77%、11.86%、10.71%、11.21%，均高于10%，处于中等收缩水平。牡丹江与绥化市的乡村人口收缩水平分别为0.86%、0.24%，收缩速度较慢。其余城市的乡村人口收缩水平均在2%～10%。

2）从六普到七普的人口变化情况分析

东北地区36个行政单元的总人口、城市人口、乡村人口平均收缩水平分别为14.76%、1.63%、32.58%，乡村人口收缩是东北地区这一阶段人口流失最严重的问题，明显高于城市人口收缩水平。

辽宁省的沈阳市、大连市、吉林省的长春市3个城市的总人口增长率分别为11.89%、11.36%、18.14%，东北地区在这一阶段只有这3个副省级城市的总人口呈增长态势，而黑龙江省省会、副省级城市哈尔滨呈现5.89%的收缩状态，其余地区均呈总人口收缩态势。沈阳市、大连市总人口、城市人口相对五普到六普时期的增长速度减缓，而长春市增长速度显著提高。3个城市的乡村人口均呈收缩状态，这与城镇化背景下的城市发展模式也基本吻合。

抚顺市、本溪市、吉林市、四平市、辽源市、通化市、白山市、松原市、白城市、延边朝鲜族自治州、齐齐哈尔市、鸡西市、鹤岗市、双鸭山市、伊春市、七台河市、牡丹江市、黑河市、绥化市、大兴安岭地区20个行政单元的总人口、城市人口与乡村人口呈全面收缩状态。

四平市、通化市、白山市、伊春市、大兴安岭地区5个行政单元收缩问题最为严重，总人口、城市人口与乡村人口收缩水平均在20%以上，其中四平市与大兴安岭地区的收缩水平均在30%以上，由此可见，东北地区的吉林省、黑龙江省城市收缩问题比辽宁省更加严重，人口流失数量巨大。

从东北地区36个行政单元总人口变化情况来看，33个行政单元处于收缩状态，占比91.67%，只有沈阳市、大连市与长春市3个城市呈增长态势，其中长春市是36个行政单元中总人口增长最快的。四平市收缩最严重，收缩水平达到了46.39%。绥化市、大兴安岭地区的总人口收缩水平分别为30.67%、35.24%，处于很高的收缩状态。盘锦市的总人口收缩水平为0.2%，处于增长与收缩的边缘。本溪市、通化市、白山市、松原市、白城市、齐齐哈尔市、伊春市、七台河市、黑河市9个城市的总人口收缩水平分别为22.43%、22.04%、26.56%、21.77%、23.67%、24.21%、23.45%、25.08%、23.15%，这些城市的总人口收缩速度相对较快，是未来东北地区面临进一步人口收缩问题的严重区域，除了本溪市之外，其余城市均为吉林省与黑龙江省的城市，可见这2个省份正面临严峻的人口收缩问题。抚顺市、丹东市、锦州市、辽阳市、铁岭市、吉林市、辽源市、延边朝鲜族自治州、鸡西市、鹤岗市、双鸭山市、佳木斯市、牡丹江市13个地、市、州的总人口收缩水平分别为19%、10.48%、13.52%、13.68%、12.12%、17.89%、15.25%、14.49%、19.34%、15.81%、17.35%、15.50%、18.17%，均高于10%。其余城市的总人口收缩水平均在4%～10%，处于中等收缩水平。

从东北地区36个行政单元城市人口变化情况来看，20个行政单元处于城市人口收缩状态，占比55.56%，其余城市均处于不同水平的增长状态。四平市、大兴安岭地区的城市人口收缩水平分别为33.49%、31.17%，是收缩最严重的2个区域，未来在人口增长与城镇化的推进中面临着严峻的问题。吉林市、通化市、白山市、伊春市4个城市的城市人口收缩水平分别为23.02%、21.11%、22.15%、22.85%，均高于20%，处于快速收缩状态。本溪市、白城市、鸡西市、七台河市4个城市的城市人口收缩水平分别为17.13%、14.12%、10.75%、14.63%，均高于10%，处于较快收缩状态。其余人口收缩城市的城市人口收缩水平均在3%～10%，处于中等收缩水平。在城市人口增长的城市中，长春市的增长率为40.41%，是所有城市中城市人口增长最快的。沈阳市、大连市、朝阳市、葫芦岛市4个城市的城市人口增长率分别为22.7%、

23.23%、23.68%、22.31%，处于快速增长状态。

从东北地区36个行政单元乡村人口变化情况来看，所有行政单元的乡村人口均处于收缩状态，即东北地区这一阶段的乡村已经处于全面收缩状态。长春市乡村人口收缩水平为9.61%，是36个行政单元中收缩水平最低的，这也是这一阶段长春市总人口增长最快的主要原因。吉林市乡村人口收缩水平为11.27%，收缩速度仅高于长春市，而远低于其他城市。四平市、大兴安岭地区的乡村人口收缩水平分别为55.57%、65.21%，均超过50%，是收缩最严重的2个区域，未来人口增长与城市发展将面临严峻的挑战。七台河市、黑河市、绥化市3个城市乡村人口收缩水平分别为47%、43.63%、41.51%，均超过40%，是极快速收缩区域。抚顺市、本溪市、锦州市、辽阳市、盘锦市、铁岭市、白山市、松原市、白城市、延边朝鲜族自治州、齐齐哈尔市、鸡西市、鹤岗市、双鸭山市、佳木斯市、牡丹江市16个行政单元的乡村人口收缩水平分别为33.36%、37.81%、33.09%、34.98%、33.76%、31.91%、39.67%、32.32%、32.62%、32.19%、37.15%、35.78%、37.51%、33.18%、37.23%、34.10%，处于快速收缩状态。其余城市乡村人口收缩水平均在20%～30%，收缩速度相对较快。这一阶段的乡村人口收缩水平明显高于五普到六普时期，这也预示着东北地区在未来的发展中可能面临更严峻的人口收缩问题。

3）从五普到七普的人口变化情况分析

从五普到七普，东北地区36个行政单元的总人口与乡村人口平均收缩水平分别为12.19%和36.48%，高于六普到七普的乡村人口收缩水平，可见从五普到七普，乡村人口处于持续收缩的状态。城市人口呈增长态势，城市人口平均增长率为11.98%。乡村人口收缩是东北地区这一阶段总人口收缩的直接原因。

沈阳市、大连市、营口市、盘锦市、长春市、哈尔滨市、大庆市7个城市的总人口与城市人口均呈增长态势，而乡村人口呈收缩态势。7个城市的城市人口增长率均在30%以上，大连市与长春市达到60%以上。辽源市和伊春市总人口与城市人口均呈收缩态势，而乡村人口处于增长态势，这2个城市也是仅有的2个乡村人口呈增长态势的城市，其余所有城市的乡村人口均呈收缩状态。鞍山市、丹东市、锦州市、阜新市、辽阳市、铁岭市、朝阳市、葫芦岛市、松原市、双鸭山市、佳木斯市、牡丹江市、黑河市与绥化市14个城市的总人口与乡村人口均呈收缩状态，而城市人口呈增长态势，这些城市的人口收缩问题主要是由于乡村人口收缩导致的。抚顺市、本溪市、吉林市、四平市、通化市、白山市、白城市、延边朝鲜族自治州、齐齐哈尔市、鸡西市、鹤岗市、七台河市、大兴安岭地区13个行政单元的总人口、城市人口与乡村人口呈全面收缩态势，城市的发展面临着严峻的挑战。

从东北地区36个行政单元总人口变化情况来看，29个行政单元的总人口呈收缩态势，占比80.56%，只有沈阳市、大连市、营口市、盘锦市、长春市、哈尔滨市、大庆市7个城市的总人口呈增长态势，其中营口的总人口增长率为1.4%，是增长幅度最小的城市。哈尔滨市与大庆市的总人口增长率分别为6.34%和7.89%，均低于10%，增长速度缓慢。盘锦市总人口增长率为10.14%。沈阳市、大连市、长春市3个城市的总人口增长率分别为25.91%、26.42%、27.07%，均高于20%，处于较快的增长状态。四平市总人口收缩水平为44.88%，在所有城市中收缩幅度最大。大兴安岭地区的总人口收缩水平为34.51%，仅次于四平市，收缩幅度较大。抚顺市、辽源市、通化市、白山市、白城市、齐齐哈尔市、鸡西市、伊春市、黑河市、绥化市10个城市的总人口收缩水平分别为23.38%、21.32%、21.48%、27.47%、23.42%、24.95%、22.82%、29.67%、23.05%、25.70%，均高于20%，这些城市处于较快的总人口收缩状态，是未来人口恢复需要重点关注的城市。本溪市、锦州市、阜新市、辽阳市、铁岭市、朝阳市、吉林市、松原市、延边朝鲜族自治州、鹤岗市、双鸭山市、七台河市、牡丹江市13个行政单元的总人口收缩水平为15.40%、12.12%、12.83%、10.92%、15.41%、10.08%、19.21%、18.55%、12.13%、18.91%、16.54%、14.59%、14.69%，均在10%以上的，处于中等收缩水平。其余收缩城市的收缩水平均在5%~10%，收缩速度相对较慢。

从东北地区36个行政单元城市人口变化情况来看，15个行政单元的城市人口呈收缩态势，占比为41.67%。沈阳市、大连市、长春市、葫芦岛市4个城市的城市人口增长率分别为51.31%、64.29%、68.29%、58.56%，均高于50%，处于极快速的增长态势。营口市、盘锦市、大庆市3个城市的城市人口增长率分别为40.77%、46.43%、45.38%，均高于40%，处于快速的增长态势。朝阳市、哈尔滨市2个城市的城市人口增长率分别为35.5%和31.61%；阜新市、铁岭市、松原市、佳木斯市、黑河市5个城市的城市人口增长率分别为20.9%、20.63%、20.66%、29.41%、28.90%，这7个城市的城市人口增长率均高于20%，处于较快的增长态势。伊春市、大兴安岭地区的城市人口收缩水平分别为33.97%、31.11%，处于快速收缩状态。吉林市、四平市、白山市3个城市的城市人口收缩水平分别为22.89%、20.59%、22.90%，处于较快速的收缩状态。通化市、白城市、鸡西市、鹤岗市4个城市的城市人口收缩水平分别为16.78%、10.74%、11.82%、12.84%，处于中等收缩水平。抚顺市、本溪市、辽源市、延边朝鲜族自治州、齐齐哈尔市、七台河市6个行政单元的城市人口收缩水平分别为9.84%、1.59%、9.69%、0.05%、2.52%、4.69%，处于相对较慢的收缩状态。

从东北地区36个行政单元乡村人口变化情况来看，35个行政单元的乡村人口呈收缩态势，占比为97.22%。仅有伊春市乡村人口呈增长态势，增长率为9.77%。其余城市均处于乡村人口收缩态势，且大部分城市乡村人口收缩比重较高，出现了比较严峻的收缩问题。大兴安岭地区的乡村人口收缩水平为61.89%，是所有行政单元中收缩问题最严重的。四平市、黑河市的乡村人口收缩水平分别为58.42%、56.17%，均高于50%，也处于极快速的收缩状态。除长春市、吉林市、通化市以外的其他城市的乡村人口收缩水平均在30%~50%，这些城市的乡村人口流失也比较严重，是导致整个东北地区五普到七普总人口减少的重要原因。乡村人口的流失是城镇化推进过程中难以避免的问题，也是东北地区未来面临的严峻问题。

通过以上的分析可以看出，东北地区的36个行政单元在五普、六普、七普期间的城市收缩问题逐渐加剧，具体每一个时期的收缩城市情况见表4-4。

表4-4　　东北地区五普、六普、七普城市收缩情况

时间	省	收缩城市	数量	比例（%）
五普到六普	辽宁省	抚顺市、阜新市、铁岭市、朝阳市	4	29
	吉林省	吉林市、辽源市、白山市	3	33
	黑龙江省	齐齐哈尔市、鸡西市、鹤岗市、伊春市	4	31
六普到七普	辽宁省	鞍山市、抚顺市、本溪市、丹东市、锦州市、营口市、阜新市、辽阳市、盘锦市、铁岭市、朝阳市、葫芦岛市	12	86
	吉林省	吉林市、四平市、辽源市、通化市、白山市、松原市、白城市、延边朝鲜族自治州	8	89
	黑龙江省	哈尔滨市、齐齐哈尔市、鸡西市、鹤岗市、双鸭山市、大庆市、伊春市、佳木斯市、七台河市、牡丹江市、黑河市、绥化市、大兴安岭地区	13	100
五普到七普	辽宁省	鞍山市、抚顺市、本溪市、丹东市、锦州市、阜新市、辽阳市、铁岭市、朝阳市、葫芦岛市	11	79
	吉林省	吉林市、四平市、辽源市、通化市、白山市、松原市、白城市、延边朝鲜族自治州	8	89
	黑龙江省	齐齐哈尔市、鸡西市、鹤岗市、双鸭山市、伊春市、佳木斯市、七台河市、牡丹江市、黑河市、绥化市、大兴安岭地区	11	85

五普到六普，东北地区仅有11个城市出现人口收缩现象，占城市总数的30.56%。六普到七普，东北地区有33个行政单元出现收缩现象，占城市总数的91.67%，仅有辽宁省的沈阳市、大连市与吉林省的长春市总人口增长，黑龙江省全部行政单元均处于总人口收缩状态。从五普到七普的20年间，东北地区有30个行政单元处于人口收缩状态，占83.33%。通过以上数据可以发现东北地区的总人口收缩问题呈现逐渐加剧的现象，六普到七普期间城市总人口的收缩区域基本覆盖东北地区

全域。从城市人口与乡村人口收缩情况来看，东北地区的收缩问题主要存在于乡村，农村空心化、人口流失、经济萧条已经成为制约东北未来城乡整合发展的关键问题。

4.1.3 县区尺度的收缩识别

依据东北地区的辽宁省、吉林省与黑龙江省第五次、第六次与第七次全国人口普结果，整理3个省份285个县区级别的行政单元总人口数量、城市人口数量、乡村人口数量，并依据这些人口数据计算285个县区级别行政单元从五普到六普、六普到七普、五普到七普的人口增长率。

1）从五普到六普县区层面总人口变化情况分析

东北地区从第五次全国人口普查到第六次全国人口普查县区层面总人口收缩情况见表4-5。

表4-5 东北地区从第五次全国人口普查到第六次全国人口普查县区层面总人口收缩情况

序号	省	市	收缩县区	县区总数	收缩数量	收缩县区比例（%）	收缩水平（%）
1	辽宁省	沈阳市	浑南区、辽中区、康平县、法库县	13	4	31	11
2	辽宁省	大连市	中山区、西岗区、长海县、瓦房店市、普兰店区	10	5	50	9
3	辽宁省	鞍山市	铁西区、千山区、台安县、岫岩满族自治县	7	4	57	11
4	辽宁省	抚顺市	新抚区、东洲区、望花区、抚顺县、新宾满族自治县、清原满族自治县	7	6	86	12
5	辽宁省	本溪市	平山区、南芬区	6	2	33	4
6	辽宁省	丹东市	振安区、宽甸满族自治县、东港市、凤城市	6	4	67	3

续表

序号	省	市	收缩县区	县区总数	收缩数量	收缩县区比例（%）	收缩水平（%）
7	辽宁省	锦州市	黑山县、义县、凌海市、北镇市	7	4	57	8
8	辽宁省	营口市	老边区、盖州市、大石桥市	6	3	50	11
9	辽宁省	阜新市	海州区、清河门区、阜新蒙古族自治县、彰武县	7	4	57	13
10	辽宁省	辽阳市	弓长岭区、灯塔市	7	2	29	2
11	辽宁省	盘锦市	无	4	0	0	0
12	辽宁省	铁岭市	清河区、铁岭县、西丰县、昌图县	7	4	57	6
13	辽宁省	朝阳市	朝阳县、建平县、喀喇沁左翼蒙古族自治县、北票市、凌源市	7	5	71	11
14	辽宁省	葫芦岛市	南票区、绥中县	6	2	33	7
15	吉林省	长春市	农安县、九台区、德惠市	10	3	30	16
16	吉林省	吉林市	昌邑区、龙潭区、永吉县、蛟河市、舒兰市、磐石市	9	6	67	3
17	吉林省	四平市	梨树县、伊通满族自治县	6	2	33	6
18	吉林省	辽源市	西安区、东丰县、东辽县	4	3	75	9
19	吉林省	通化市	二道江区、通化县、辉南县、柳河县、梅河口市、集安市	7	6	86	2
20	吉林省	白山市	抚松县、江源区、临江市	6	3	50	32
21	吉林省	松原市	扶余市	5	1	20	2
22	吉林省	白城市	镇赉县、洮南市	5	2	40	5
23	吉林省	延边朝鲜族自治州	龙井市、和龙市、汪清县	8	3	38	15

续表

序号	省	市	收缩县区	县区总数	收缩数量	收缩县区比例（%）	收缩水平（%）
24	黑龙江省	哈尔滨市	香坊区、方正县、巴彦县、阿城区、五常市	18	5	28	18
25	黑龙江省	齐齐哈尔市	铁锋区、昂昂溪区、富拉尔基区、碾子山区、梅里斯达斡尔族区、泰来县、富裕县、克山县、克东县、讷河市	16	10	63	6
26	黑龙江省	鸡西市	恒山区、滴道区、梨树区、城子河区、麻山区、鸡东县、密山市	9	7	78	12
27	黑龙江省	鹤岗市	南山区、兴安区、东山区、兴山区、萝北县、绥滨县	8	6	75	10
28	黑龙江省	双鸭山市	岭东区、四方台区、宝山区、饶河县	8	4	50	12
29	黑龙江省	大庆市	红岗区	9	1	11	0.85
30	黑龙江省	伊春市	伊美区、南岔县、友好区、金林区、乌翠区、丰林县、汤旺县、大箐山县、嘉荫县、铁力市	10	10	100	11
31	黑龙江省	佳木斯市	郊区	10	1	10	35
32	黑龙江省	七台河市	勃利县	4	1	25	7
33	黑龙江省	牡丹江市	东宁市、林口县、海林市、穆棱市	10	4	40	7
34	黑龙江省	黑河市	嫩江市、逊克县、北安市、五大连池市	6	4	67	2
35	黑龙江省	绥化市	兰西县、安达市	10	2	20	0.47
36	黑龙江省	大兴安岭地区	呼玛县、塔河县、松岭区	7	3	43	7
合计				285	136	48	9

通过表4-5可以发现，东北地区285个县区中有136个县区处于总人口收缩状态，收缩县区数量占县区总数的48%，136个县区的平均收缩水平为9%。辽宁省的盘锦市所有县区总人口均处于增长态势，未见收缩现象，其余城市均有不同程度收缩现象发生。辽宁省有49个县区处于总人口收缩状态，收缩县区数量占县区总数的49%，49个县区的平均收缩水平为9%。吉林省有29个县区处于总人口收缩状态，收缩县区数量占县区总数的48%，29个县区的平均收缩水平为9%。黑龙江省有58个县区处于总人口收缩状态，收缩县区数量占县区总数的46%，58个县区的平均收缩水平为9%。

依据表4-5东北地区各省份县区层面总人口收缩情况整理东北地区各个省份区、县、县级市收缩数量与所占比例，见表4-6。

表4-6　**东北地区第五次全国人口普查到第六次全国人口普查总人口收缩区、县、县级市数量比例情况**

区域	县区数量				收缩县区数量				所占比例（%）			
	合计	区	县	县级市	合计	区	县	县级市	合计	区	县	县级市
辽宁省	100	59	25	16	49	19	20	10	49	32	80	63
吉林省	60	21	19	20	29	6	12	11	48	29	63	55
黑龙江省	125	58	46	21	58	26	21	11	46	45	46	52
东北地区	285	138	90	57	136	51	53	32	48	37	59	56

通过表4-6可以看出，东北地区五普到六普总人口收缩的区、县、县级市数量分别占区、县、县级市总数的37%、59%、56%，可见收缩的区域主要集中在县与县级市，而区级层面所占比例相对较低。辽宁省80%的县总人口收缩，是收缩的主要区域。辽宁省63%县级市总人口收缩，32%的区总人口收缩。吉林省63%的县总人口收缩，55%的县级市总人口收缩，二者差距不大，区级层面总人口收缩占比是三个省份中最低的，仅占29%。黑龙江省52%的县级市总人口收缩，是总人口收缩最主要区域。黑龙江省45%的区与46%的县总人口收缩，二者比较接近。

2）从五普到六普县区层面城市人口变化情况分析

东北地区从第五次全国人口普查到第六次全国人口普查县区层面城市人口收缩的情况见表4-7。

表4-7　东北地区从第五次全国人口普查到第六次全国人口普查县区层面城市人口收缩情况

序号	省	市	县区	县区总数	收缩数量	收缩县区比例（%）	收缩水平（%）
1	辽宁省	沈阳市	浑南区、辽中区	13	2	15	19
2	辽宁省	大连市	中山区、西岗区	10	2	20	11
3	辽宁省	鞍山市	铁西区	7	1	14	10
4	辽宁省	抚顺市	新抚区、东洲区、望花区、抚顺县、新宾满族自治县、清原满族自治县	7	6	86	20
5	辽宁省	本溪市	平山区	6	1	17	5
6	辽宁省	丹东市	凤城市	6	1	17	7
7	辽宁省	锦州市	凌海市、北镇市	7	2	29	22
8	辽宁省	营口市	无	6	0	0	0
9	辽宁省	阜新市	海州区、清河门区	7	2	29	18
10	辽宁省	辽阳市	弓长岭区、灯塔市	7	2	29	5
11	辽宁省	盘锦市	无	4	0	0	0
12	辽宁省	铁岭市	昌图县、调兵山市	7	2	29	9
13	辽宁省	朝阳市	北票市、凌源市	7	2	29	9
14	辽宁省	葫芦岛市	南票区	6	1	17	24
15	吉林省	长春市	双阳区、九台区、德惠市	10	3	30	12
16	吉林省	吉林市	昌邑区、船营区、蛟河市、桦甸市、舒兰市	9	5	56	7
17	吉林省	四平市	无	6	0	0	0
18	吉林省	辽源市	龙山区、西安区	4	2	50	17

续表

序号	省	市	县区	县区总数	收缩数量	收缩县区比例(%)	收缩水平(%)
19	吉林省	通化市	梅河口市	7	1	14	19
20	吉林省	白山市	抚松县、江源区、临江市	6	3	50	33
21	吉林省	松原市	无	5	0	0	0
22	吉林省	白城市	洮南市、大安市	5	2	40	11
23	吉林省	延边朝鲜族自治州	龙井市、和龙市、汪清县、安图县	8	4	50	14
24	黑龙江省	哈尔滨市	香坊区、方正县、五常市	18	3	17	30
25	黑龙江省	齐齐哈尔市	龙沙区、昂昂溪区、富拉尔基区、碾子山区、梅里斯达斡尔族区、克山县	16	6	38	15
26	黑龙江省	鸡西市	恒山区、滴道区、梨树区、城子河区、麻山区	9	5	56	29
27	黑龙江省	鹤岗市	南山区、兴安区、东山区、兴山区	8	4	50	19
28	黑龙江省	双鸭山市	岭东区、四方台区、宝山区	8	3	38	15
29	黑龙江省	大庆市	无	9	0	0	0
30	黑龙江省	伊春市	伊美区、南岔县、友好区、金林区、乌翠区、丰林县、汤旺县、大箐山县、铁力市	10	9	90	17
31	黑龙江省	佳木斯市	东风区、郊区	10	2	20	26
32	黑龙江省	七台河市	新兴区、勃利县	4	2	50	3
33	黑龙江省	牡丹江市	海林市、宁安市、穆棱市	10	3	30	10
34	黑龙江省	黑河市	无	6	0	0	0
35	黑龙江省	绥化市	安达市	10	1	10	1
36	黑龙江省	大兴安岭地区	漠河市、呼玛县、塔河县、松岭区	7	4	57	8
合计				285	86	30	12

通过表4-7可以发现，东北地区285个县区中有86个县区处于城市人口收缩状态，收缩县区数量占县区总数的30%，86个县区的平均收缩水平为12%。辽宁省的营口市和盘锦市，吉林省的四平市和松原市，黑龙江省的大庆市和黑河市所有县区城市人口均处于增长态势，未见收缩现象，其余城市均有不同程度收缩现象发生。伊春市和抚顺市收缩县区数量分别占90%、86%，收缩区域占比最大。吉林市、辽源市、白山市、延边朝鲜族自治州、鸡西市、鹤岗市、七台河市、大兴安岭地区收缩县区数量均占50%（含）以上，收缩区域占比相对其他城市较大。

依据表4-7东北地区各省份县区层面城市人口收缩情况整理东北地区各个省份区、县、县级市收缩数量与所占比例，见表4-8。

表4-8 东北地区第五次全国人口普查到第六次全国人口普查城市人口收缩区、县、县级市数量比例情况

区域	县区数量				收缩县区数量				所占比例（%）			
	合计	区	县	县级市	合计	区	县	县级市	合计	区	县	县级市
辽宁省	100	59	25	16	24	13	4	7	24	22	16	44
吉林省	60	21	19	20	20	7	3	10	33	33	16	50
黑龙江省	125	58	46	21	42	26	9	7	34	45	20	33
东北地区	285	138	90	57	86	46	16	24	30	33	18	42

通过表4-8可以看出，东北地区五普到六普城市人口收缩的区、县、县级市数量分别占区、县、县级市总数的33%、18%、42%，收缩的区域集中于区与县级市2个层面，而县级层面收缩城市占比仅为18%，与区和县级市相比相对较低。辽宁省有24个县区处于城市人口收缩状态，收缩县区数量占县区总数的24%，24个县区的平均收缩水平为11%。吉林省有20个县区处于城市人口收缩状态，收缩县区数量占县区总数的33%，20个县区的平均收缩水平为13%。黑龙江省有42个县区处于城市人口收缩状态，收缩县区数量占县区总数的34%，42个县区的平均收缩水平为13%。

辽宁省44%的县级市城市人口收缩，是收缩的主要区域，22%的区城市人口收缩占，16%的县城市人口收缩。吉林省50%的县级市城市人口收缩，是收缩的主要区域，33%的区和16%的县城市人口收缩。黑龙江省45%的区城市人口收缩，是收缩的主要区域，20%的县和33%的县级市城市人口收缩。

3）从五普到六普县区层面乡村人口变化情况分析

东北地区从第五次全国人口普查到第六次全国人口普查县区层面乡村人口收缩情况见表4-9。

表4-9　**东北地区从第五次全国人口普查到第六次全国人口普查县区层面乡村人口收缩情况**

序号	省	市	县区	县区总数	收缩数量	收缩县区比例（%）	收缩水平（%）
1	辽宁省	沈阳市	苏家屯区、浑南区、沈北新区、于洪区、辽中区、康平县、法库县、新民市	13	8	62	18
2	辽宁省	大连市	甘井子区、旅顺口区、金普新区、长海县、瓦房店市、普兰店区、庄河市	10	7	70	43
3	辽宁省	鞍山市	千山区、台安县、岫岩满族自治县	7	3	43	35
4	辽宁省	抚顺市	东洲区、顺城区、抚顺县、新宾满族自治县、清原满族自治县	7	5	71	12
5	辽宁省	本溪市	溪湖区、明山区、南芬区、本溪满族自治县	6	4	67	28
6	辽宁省	丹东市	振安区、宽甸满族自治县、东港市	6	3	50	20
7	辽宁省	锦州市	黑山县、义县、凌海市	7	3	43	13
8	辽宁省	营口市	老边区、盖州市、大石桥市	6	3	50	25
9	辽宁省	阜新市	清河门区、细河区、阜新蒙古族自治县、彰武县	7	4	57	34

续表

序号	省	市	县区	县区总数	收缩数量	收缩县区比例（%）	收缩水平（%）
10	辽宁省	辽阳市	弓长岭区、太子河区、辽阳县	7	3	43	32
11	辽宁省	盘锦市	大洼区、盘山县	4	2	50	12
12	辽宁省	铁岭市	清河区、铁岭县、西丰县、昌图县、开原市	7	5	71	12
13	辽宁省	朝阳市	朝阳县、建平县、喀喇沁左翼蒙古族自治县、北票市、凌源市	7	5	71	17
14	辽宁省	葫芦岛市	连山区、绥中县、建昌县、兴城市	6	4	67	14
15	吉林省	长春市	南关区、农安县、九台区、榆树市、德惠市	10	5	50	21
16	吉林省	吉林市	龙潭区、丰满区、永吉县、蛟河市、舒兰市、磐石市	9	6	67	14
17	吉林省	四平市	梨树县、伊通满族自治县、双辽市	6	3	50	13
18	吉林省	辽源市	东丰县、东辽县	4	2	50	22
19	吉林省	通化市	东昌区、二道江区、通化县、辉南县、柳河县、集安市	7	6	86	24
20	吉林省	白山市	抚松县、江源区、临江市	6	3	50	22
21	吉林省	松原市	前郭尔罗斯蒙古族自治县、长岭县、乾安县、扶余市	5	4	80	8
22	吉林省	白城市	洮北区、镇赉县、通榆县	5	3	60	10
23	吉林省	延边朝鲜族自治州	延吉市、图们市、敦化市、珲春市、龙井市	8	5	63	18
24	黑龙江省	哈尔滨市	呼兰区、依兰县、方正县、宾县、巴彦县、通河县、延寿县、阿城区、五常市	18	9	50	11

续表

序号	省	市	县区	县区总数	收缩数量	收缩县区比例（%）	收缩水平（%）
25	黑龙江省	齐齐哈尔市	铁锋区、富拉尔基区、碾子山区、龙江县、泰来县、甘南县、富裕县、克山县、克东县、拜泉县、讷河市	16	11	69	12
26	黑龙江省	鸡西市	恒山区、城子河区、鸡东县、虎林市、密山市	9	5	56	16
27	黑龙江省	鹤岗市	萝北县、绥滨县	8	2	25	16
28	黑龙江省	双鸭山市	四方台区、宝山区、集贤县、友谊县、宝清县、饶河县	8	6	75	21
29	黑龙江省	大庆市	萨尔图区、龙凤区、让胡路区、红岗区、大同区、肇州县、肇源县、林甸县、杜尔伯特蒙古族自治县	9	9	100	28
30	黑龙江省	伊春市	嘉荫县	10	1	10	27
31	黑龙江省	佳木斯市	郊区、桦川县、汤原县、同江市、富锦市	10	5	50	18
32	黑龙江省	七台河市	勃利县	4	1	25	10
33	黑龙江省	牡丹江市	东安区、爱民区、东宁市、林口县、绥芬河市、穆棱市	10	6	60	30
34	黑龙江省	黑河市	嫩江市、逊克县、孙吴县、北安市、五大连池市	6	5	83	21
35	黑龙江省	绥化市	兰西县、庆安县、绥棱县、肇东市	10	4	40	5
36	黑龙江省	大兴安岭地区	漠河市、呼玛县、塔河县、松岭区	7	4	57	8
合计				285	164	58	19

通过表4-9可以发现，东北地区285个县区中有164个县区处于乡村人口收缩状态，收缩县区数量占县区总数的58%，164个县区的平均收缩水平为19%。黑龙江省的大庆市9个县区均处于乡村人口收缩状态，是东北地区36个行政单元中收缩县区数量占比最高的地区。辽宁省的大连市县区乡村人口收缩水平为43%，是所有行政单元中收缩程度最大的城市。通化市、松原市、黑河市乡村人口收缩的县区数量比例均高于80%（含）。在其余的城市中，除鞍山市、锦州市、辽阳市、鹤岗市、伊春市、七台河市、绥化市外，乡村人口收缩的县区数量比例均高于50%（含），可见东北地区从五普到六普乡村人口在绝大部分县区呈收缩态势。

依据表4-9东北地区各省份县区层面乡村人口收缩情况整理东北地区各个省份区、县、县级市收缩数量与所占比例，见表4-10。

表4-10 **东北地区第五次全国人口普查到第六次全国人口普查乡村人口收缩区、县、县级市数量比例情况**

区域	县区数量				收缩县区数量				所占比例（%）			
	合计	区	县	县级市	合计	区	县	县级市	合计	区	县	县级市
辽宁省	100	59	25	16	59	24	24	11	59	41	96	69
吉林省	60	21	19	20	37	8	15	14	62	38	79	70
黑龙江省	125	58	46	21	68	18	36	14	54	31	78	67
东北地区	285	138	90	57	164	50	75	39	58	36	83	68

通过表4-10可以看出，东北地区五普到六普乡村人口收缩的区、县、县级市数量分别占区、县、县级市总数的36%、83%、68%，收缩的区域集中于县与县级市2个层面，而区级层面仅有36%出现人口收缩，与县和县级市的收缩比例相比是相对较低的。辽宁省有59个县区处于乡村人口收缩状态，收缩县区数量占县区总数的59%，59个县区的平均收缩水平为23%。吉林省有37个县区处于乡村人口收缩状态，收缩县区数量占县区总数的62%，37个县区的平均收缩水平为17%。黑龙江省有68个县区处于乡村人口收缩状态，收缩县区数量占县区总

数的54%，68个县区的平均收缩水平为17%。

辽宁省乡村人口收缩的区、县、县级市比例分别为41%、96%、69%，县的收缩比例明显高于区与县级市的收缩比例，是这一时期辽宁省乡村人口流失的主要区域。吉林省乡村人口收缩的区、县、县级市比例分别为38%、79%、70%，县和县级市是主要的收缩区域，二者收缩的比例基本相当。黑龙江省乡村人口收缩的区、县、县级市比例分别为31%、78%、67%，县和县级市是主要的收缩区域，县的收缩比例略高于县级市的收缩比例。

4）从六普到七普县区层面总人口变化情况分析

东北地区第六次全国人口普查到第七次全国人口普查县区层面总人口收缩情况见表4-11。

表4-11　**东北地区从第六次全国人口普查到第七次全国人口普查县区层面总人口收缩情况**

序号	省	市	县区	县区总数	收缩数量	收缩县区比例（%）	收缩水平（%）
1	辽宁省	沈阳市	沈河区、大东区、皇姑区、辽中区、康平县、法库县、新民市	13	7	54	11
2	辽宁省	大连市	西岗区、沙河口区、长海县、瓦房店市、普兰店区、庄河市	10	6	60	10
3	辽宁省	鞍山市	铁东区、立山区、千山区、台安县、岫岩满族自治县、海城市	7	6	86	20
4	辽宁省	抚顺市	新抚区、东洲区、望花区、顺城区、抚顺县、新宾满族自治县、清原满族自治县	7	7	100	22
5	辽宁省	本溪市	平山区、溪湖区、明山区、南芬区、本溪满族自治县、桓仁满族自治县	6	6	100	28
6	辽宁省	丹东市	元宝区、振兴区、宽甸满族自治县、东港市、凤城市	6	5	83	11

续表

序号	省	市	县区	县区总数	收缩数量	收缩县区比例（%）	收缩水平（%）
7	辽宁省	锦州市	古塔区、凌河区、黑山县、义县、凌海市、北镇市	7	6	86	17
8	辽宁省	营口市	站前区、盖州市、大石桥市	6	3	50	16
9	辽宁省	阜新市	海州区、新邱区、太平区、清河门区、阜新蒙古族自治县、彰武县	7	6	86	15
10	辽宁省	辽阳市	文圣区、弓长岭区、太子河区、辽阳县、灯塔市	7	5	71	19
11	辽宁省	盘锦市	大洼区、盘山县	4	2	50	12
12	辽宁省	铁岭市	银州区、清河区、铁岭县、西丰县、昌图县、调兵山市、开原市	7	7	100	13
13	辽宁省	朝阳市	朝阳县、建平县、喀喇沁左翼蒙古族自治县、北票市、凌源市	7	5	71	9
14	辽宁省	葫芦岛市	连山区、绥中县、建昌县、兴城市	6	4	67	13
15	吉林省	长春市	南关区、宽城区、朝阳区、二道区、绿园区、双阳区、农安县、九台区、榆树市、德惠市	10	10	100	14
16	吉林省	吉林市	昌邑区、龙潭区、船营区、丰满区、永吉县、蛟河市、桦甸市、舒兰市、磐石市	9	9	100	18
17	吉林省	四平市	铁东区、梨树县、伊通满族自治县、公主岭市、双辽市	6	5	83	23
18	吉林省	辽源市	西安区、东丰县、东辽县	4	3	75	24

续表

序号	省	市	县区	县区总数	收缩数量	收缩县区比例（%）	收缩水平（%）
19	吉林省	通化市	东昌区、二道江区、通化县、辉南县、柳河县、梅河口市、集安市	7	7	100	44
20	吉林省	白山市	浑江区、抚松县、靖宇县、长白朝鲜族自治县、临江市	6	5	83	36
21	吉林省	松原市	前郭尔罗斯蒙古族自治县、长岭县、乾安县、扶余市	5	4	80	32
22	吉林省	白城市	洮北区、镇赉县、通榆县、洮南市、大安市	5	5	100	29
23	吉林省	延边朝鲜族自治州	图们市、敦化市、珲春市、龙井市、和龙市、汪清县、安图县	8	7	88	29
24	黑龙江省	哈尔滨市	道外区、平房区、依兰县、方正县、宾县、巴彦县、木兰县、通河县、延寿县、阿城区、双城区、尚志市、五常市	18	13	72	27
25	黑龙江省	齐齐哈尔市	铁锋区、昂昂溪区、富拉尔基区、碾子山区、梅里斯达斡尔族区、龙江县、依安县、泰来县、甘南县、富裕县、克山县、克东县、拜泉县、讷河市	16	14	88	26
26	黑龙江省	鸡西市	恒山区、滴道区、梨树区、城子河区、麻山区、鸡东县、虎林市、密山市	9	8	89	34
27	黑龙江省	鹤岗市	向阳区、工农区、东山区、兴山区、萝北县、绥滨县	8	6	75	27

续表

序号	省	市	县区	县区总数	收缩数量	收缩县区比例（%）	收缩水平（%）
28	黑龙江省	双鸭山市	岭东区、四方台区、宝山区、集贤县、友谊县、宝清县、饶河县	8	7	88	27
29	黑龙江省	大庆市	萨尔图区、龙凤区、红岗区、大同区、肇州县、肇源县、林甸县、杜尔伯特蒙古族自治县	9	8	89	17
30	黑龙江省	伊春市	伊美区、南岔县、友好区、金林区、丰林县、汤旺县、嘉荫县、铁力市	10	8	80	30
31	黑龙江省	佳木斯市	东风区、郊区、桦南县、桦川县、汤原县、抚远市、同江市、富锦市	10	8	80	21
32	黑龙江省	七台河市	新兴区、桃山区、茄子河区、勃利县	4	4	100	24
33	黑龙江省	牡丹江市	阳明区、西安区、东宁市、林口县、绥芬河市、海林市、宁安市、穆棱市	10	8	80	20
34	黑龙江省	黑河市	嫩江市、逊克县、孙吴县、北安市、五大连池市	6	5	83	26
35	黑龙江省	绥化市	北林区、望奎县、兰西县、青冈县、庆安县、明水县、绥棱县、安达市、肇东市、海伦市	10	10	100	32
36	黑龙江省	大兴安岭地区	漠河市、呼玛县、塔河县、加格达奇区、松岭区、新林区、呼中区	7	7	100	42
合计				285	236	83	23

通过表4-11可以发现东北地区285个县区中有236个县区处于人口收缩状态，收缩县区数量占县区总数的83%，236个县区的平均收缩水平为23%。

抚顺市、本溪市、铁岭市、长春市、吉林市、通化市、白城市、七台河市、绥化市、大兴安岭地区10个行政单元全部县区均处于人口收缩状态。鞍山市、丹东市、锦州市、阜新市、四平市、白山市、松原市、延边朝鲜族自治州、齐齐哈尔、鸡西市、双鸭山市、大庆市、伊春市、佳木斯市、牡丹江市、黑河市16个城市总人口收缩的县区比例均大于80%（含），已经表现出全面的严重的收缩问题。吉林省的通化市和黑龙江省的大兴安岭地区人口收缩水平分别为44%和42%，其余行政单元的人口收缩水平均在40%以下。但这一阶段的收缩县区数量明显高于五普到六普时期的收缩县区数量，表明东北地区已经面临极其严重的城市收缩问题。

依据表4-11东北地区各省份县区层面总人口收缩情况整理东北地区各个省份区、县、县级市收缩数量与所占比例，具体见表4-12。

表4-12　**东北地区第六次全国人口普查到第七次全国人口普查总人口收缩区、县、县级市数量比例情况**

区域	县区数量				收缩县区数量				所占比例（%）			
	合计	区	县	县级市	合计	区	县	县级市	合计	区	县	县级市
辽宁省	100	59	25	16	75	34	25	16	75	58	100	100
吉林省	60	21	19	20	55	17	19	19	92	81	100	95
黑龙江省	125	58	46	21	106	40	45	21	85	69	98	100
东北地区	285	138	90	57	236	91	89	56	83	66	99	98

通过表4-12可以看出，东北地区六普到七普总人口收缩的区、县、县级市数量分别占区、县、县级市总数的66%、99%、98%，收缩的区域集中于县与县级市2个层面，而区级层面收缩比例相对较低，但三个层面的收缩比例均超过50%，表明这一阶段东北地区的城市收缩问题已经明显加剧，且中心城区以外的县与县级市面临着人口流失的严峻问题。这与城市外围区域与中心城区发展差距较大关系密切，外围区域无

论是就业空间还是居住空间都很难满足高质量的生活需求，而且这一趋势在未来的10年可能持续存在。辽宁省有75个县区处于总人口收缩状态，收缩县区数量占县区总数的75%，75个县区的平均收缩水平为16%。吉林省有55个县区处于总人口收缩状态，收缩县区数量占县区总数的92%，55个县区的平均收缩水平为26%。黑龙江省有106个县区处于总人口收缩状态，收缩县区数量占县区总数的85%，106个县区的平均收缩水平为27%。

辽宁省总人口收缩的区、县、县级市比例分别为58%、100%、100%。县与县级市已经呈全面收缩的局面，且明显高于区级层面的收缩比例，是这一时期辽宁省人口流失的主要区域。吉林省总人口收缩的区、县、县级市比例分别为81%、100%、95%，县与县级市是主要的收缩区域，二者的收缩比例基本相当。黑龙江省总人口收缩的区、县、县级市比例分别为69%、98%、100%，县与县级市是主要的收缩区域，二者的收缩比例基本相当。这一阶段，辽宁省区级层面的收缩比例最低，吉林省区级层面的收缩比例最高，中心城区的人口流失相比辽宁省与黑龙江省更加明显。

5）从五普到七普县区层面总人口变化情况分析

东北地区从第五次全国人口普查到第七次全国人口普查县区层面总人口收缩情况见表4-13。

表4-13 **东北地区从第五次全国人口普查到第七次全国人口普查县区层面总人口收缩情况**

序号	省	市	县区	县区总数	收缩数量	收缩县区比例（%）	收缩水平（%）
1	辽宁省	沈阳市	辽中区、康平县、法库县、新民市	13	4	31	17
2	辽宁省	大连市	西岗区、长海县、瓦房店市、普兰店区、庄河市	10	5	50	17

续表

序号	省	市	县区	县区总数	收缩数量	收缩县区比例（%）	收缩水平（%）
3	辽宁省	鞍山市	铁西区、立山区、千山区、台安县、岫岩满族自治县、海城市	7	6	86	20
4	辽宁省	抚顺市	新抚区、东洲区、望花区、抚顺县、新宾满族自治县、清原满族自治县	7	6	86	33
5	辽宁省	本溪市	平山区、溪湖区、南芬区、本溪满族自治县、桓仁满族自治县	6	5	83	31
6	辽宁省	丹东市	振安区、宽甸满族自治县、东港市、凤城市	6	4	67	12
7	辽宁省	锦州市	黑山县、义县、凌海市、北镇市	7	4	57	28
8	辽宁省	营口市	站前区、盖州市、大石桥市	6	3	50	17
9	辽宁省	阜新市	海州区、太平区、清河门区、阜新蒙古族自治县、彰武县	7	5	71	21
10	辽宁省	辽阳市	文圣区、弓长岭区	7	2	29	10
11	辽宁省	盘锦市	盘山县	4	1	25	21
12	辽宁省	铁岭市	银州区、清河区、铁岭县、西丰县、昌图县、调兵山市、开原市	7	7	100	15
13	辽宁省	朝阳市	朝阳县、建平县、喀喇沁左翼蒙古族自治县、北票市、凌源市	7	5	71	19
14	辽宁省	葫芦岛市	连山区、绥中县、建昌县、兴城市	6	4	67	14
15	吉林省	长春市	朝阳区、双阳区、农安县、九台区、榆树市、德惠市	10	6	60	20

续表

序号	省	市	县区	县区总数	收缩数量	收缩县区比例（%）	收缩水平（%）
16	吉林省	吉林市	昌邑区、龙潭区、船营区、丰满区、永吉县、蛟河市、桦甸市、舒兰市、磐石市	9	9	100	19
17	吉林省	四平市	梨树县、伊通满族自治县、公主岭市、双辽市	6	4	67	27
18	吉林省	辽源市	西安区、东丰县、东辽县	4	3	75	31
19	吉林省	通化市	东昌区、二道江区、通化县、辉南县、柳河县、梅河口市、集安市	7	7	100	44
20	吉林省	白山市	浑江区、抚松县、靖宇县、长白朝鲜族自治县、江源区、临江市	6	6	100	29
21	吉林省	松原市	前郭尔罗斯蒙古族自治县、长岭县、乾安县、扶余市	5	4	80	31
22	吉林省	白城市	洮北区、镇赉县、通榆县、洮南市、大安市	5	5	100	29
23	吉林省	延边朝鲜族自治州	图们市、敦化市、龙井市、和龙市、汪清县、安图县	8	6	75	38
24	黑龙江省	哈尔滨市	依兰县、方正县、宾县、巴彦县、木兰县、通河县、延寿县、阿城区、双城区、尚志市、五常市	18	11	61	22
25	黑龙江省	齐齐哈尔市	铁锋区、昂昂溪区、富拉尔基区、碾子山区、梅里斯达斡尔族区、龙江县、依安县、泰来县、甘南县、富裕县、克山县、克东县、拜泉县、讷河市	16	14	88	29

续表

序号	省	市	县区	县区总数	收缩数量	收缩县区比例（%）	收缩水平（%）
26	黑龙江省	鸡西市	恒山区、滴道区、梨树区、城子河区、麻山区、鸡东县、虎林市、密山市	9	8	89	40
27	黑龙江省	鹤岗市	向阳区、南山区、东山区、兴山区、萝北县、绥滨县	8	6	75	29
28	黑龙江省	双鸭山市	岭东区、四方台区、宝山区、集贤县、友谊县、宝清县、饶河县	8	7	88	31
29	黑龙江省	大庆市	红岗区、大同区、肇州县、肇源县、林甸县、杜尔伯特蒙古族自治县	9	6	67	17
30	黑龙江省	伊春市	伊美区、南岔县、友好区、金林区、丰林县、汤旺县、嘉荫县、铁力市	10	8	80	37
31	黑龙江省	佳木斯市	郊区、桦南县、桦川县、汤原县、富锦市	10	5	50	25
32	黑龙江省	七台河市	新兴区、茄子河区、勃利县	4	3	75	20
33	黑龙江省	牡丹江市	东宁市、林口县、海林市、宁安市、穆棱市	10	5	50	29
34	黑龙江省	黑河市	嫩江市、逊克县、孙吴县、北安市、五大连池市	6	5	83	26
35	黑龙江省	绥化市	北林区、望奎县、兰西县、青冈县、庆安县、明水县、绥棱县、安达市、肇东市、海伦市	10	10	100	27
36	黑龙江省	大兴安岭地区	漠河市、呼玛县、塔河县、加格达奇区、松岭区、新林区、呼中区	7	7	100	43
合计				285	206	72	26

通过表4-13可以发现，东北地区285个县区中有206个县区处于人口收缩状态，收缩县区数量占县区总数的72%，206个县区的平均收缩水平为26%。

铁岭市、吉林市、通化市、白山市、白城市、绥化市、大兴安岭地区7个行政单元全部区县均处于总人口收缩状态。鞍山市、抚顺市、本溪市、松原市、齐齐哈尔市、鸡西市、双鸭山市、伊春市、黑河市9个城市总人口收缩的县区数量均占80%（含）以上。吉林省的通化市、黑龙江省的大兴安岭地区和鸡西市总人口收缩水平分别为44%、43%、40%，总人口收缩水平均高于40%（含），其余行政单元的总人口收缩水平均低于40%。

依据表4-13东北地区各省份县区层面总人口收缩情况整理东北地区各省份区、县、县级市收缩数量与所占比例，见表4-14。

表4-14 **东北地区第五次全国人口普查到第七次全国人口普查总人口收缩区、县、县级市数量比例情况**

区域	县区数量				收缩县区数量				所占比例（%）			
	合计	区	县	县级市	合计	区	县	县级市	合计	区	县	县级市
辽宁省	100	59	25	16	61	22	24	15	61	37	96	94
吉林省	60	21	19	20	50	13	19	18	83	62	100	90
黑龙江省	125	58	46	21	95	32	45	18	76	55	98	86
东北地区	285	138	90	57	206	67	88	51	72	49	98	89

通过表4-14可以看出，东北地区五普到七普总人口收缩的区、县、县级市数量分别占区、县、县级市总数的49%、98%、89%。收缩的区域集中于县与县级市2个层面，而区级层面收缩比例相对较低，表明从五普到七普东北地区的城市收缩问题已经愈加严重，且中心城区以外的县与县级市面临着人口流失的严峻问题，各城市外围的县与县级市的空心化问题逐渐严重，吉林省与黑龙江省的这一问题要严重于辽宁省。

辽宁省有61个县区处于总人口收缩状态，收缩县区数量占县区总数的61%，61个县区的平均收缩水平为20%。吉林省有50个县区处于总人口收缩状态，收缩县区数量占县区总数的83%，50个县区的平均收缩水平为29%。黑龙江省有95个县区处于总人口收缩状态，收缩县区数量占县区总数的76%，95个县区的平均收缩水平为29%。

辽宁省总人口收缩的区、县、县级市比例分别为37%、96%、94%，县与县级市几乎全面收缩，明显高于区级层面的收缩比例，是这一时期辽宁省人口流失的主要区域。吉林省总人口收缩的区、县、县级市比例分别为62%、100%、90%，县级层面已经呈全面收缩的态势。黑龙江省总人口收缩的区、县、县级市比例分别为55%、98%、86%，县与县级市是主要的收缩区域，县级层面收缩比例高于县级市层面收缩比例。这一阶段，辽宁省区级层面的收缩比例最低，吉林省区级层面收缩比例最高，中心城区的人口流失相比辽宁省与黑龙江省更加明显。

4.2 基于人口密度的城市收缩识别

在上一节中我们主要以全国人口普查数据为依据，选择全国五普（2000年）、六普（2010年）、七普（2020年）的数据进行东北地区收缩城市的识别，但人口普查数据是相隔10年的城市常住人口统计，时间跨度比较大。在实际的发展中，人口在5年时间内可能就发生显著的变化，由于人口普查数据的限制，未能识别东北地区每5年的人口变化而出现的收缩问题。因此，这里选择城市人口密度数据，以5年为时间间隔来分析东北地区的收缩问题，这里选择从1995年开始到2020年的人口密度数据进行系统分析，数据主要来源为1996—2021年的《中国城市统计年鉴》。由于1996—2021年的《中国城市统计年鉴》中没有吉林省延边朝鲜族自治州与黑龙江省大兴安岭地区的统计数据，这里的分析不包括这2个研究对象。研究对象包括辽宁省的沈阳市、大连市、鞍山市、抚顺市、本溪市、丹东市、锦州市、营口市、阜新市、辽阳市、盘锦市、铁岭市、朝阳市、葫芦岛市14个地级市，吉林省的长春市、吉林市、四平市、辽源市、通化市、白山市、松原市、白城市8个地级市，黑龙江省的哈尔滨市、齐齐哈尔市、鸡西市、鹤岗市、双鸭山市、大庆市、伊春市、佳木斯市、七台河市、牡丹江市、黑河市、绥化市12个地级市，共计34个地级市。在后面的研究中，我们采用非人口普查数据开展的东北地区的城市收缩问题的研究对象均是这34个地级市。

4.2.1 全市人口密度收缩识别

从全市人口密度变化情况来看，东北地区34个地级市1995、2000、2005、2010、2015、2020年平均全市人口密度分别为200、197、199、203、200、187，呈现“下降—上升—下降”的波动下降的变化趋势。25年间，34个城市的平均全市人口密度为198，处于较低的状态。

沈阳市、大连市2个城市的全市人口密度一直处于上升态势。沈阳市、大连市、营口市与长春市4个城市的全市人口密度在2020年分别为705、563、430、440，均高于400，是东北地区人口密度最高的四个城市。鞍山市、辽阳市、盘锦市2020年的全市人口密度分别为358、334、319，均高于300。锦州市、葫芦岛市2020年的全市人口密度分别为269、233，其余城市2020年的全市人口密度均低于200。

从全市人口密度增长率情况来看，东北地区34个城市总体上在1995—2000年、2010—2015年、2015—2020年3个时间段处于收缩状态。2000—2005年、2005—2010年2个时间段处于增长态势，但增长率呈下降趋势。在2015—2020年时间段收缩程度最大，达到13.08%，收缩问题最严重。1995—2020年，东北地区总体处于收缩状态，收缩水平为13.29%。

1995—2020年，沈阳市、大连市2个城市的全市人口密度一直处于增长态势，增长率分别为37.16%、32.47%，均高于30%，营口市、盘锦市、长春市、大庆市4个城市在1995—2020年都在不同时段发生了收缩，但在1995—2020年总体呈增长态势，增长率分别为5.65%、12.32%、24.65%、15.93%，其中长春市的增长率最高，营口市最低。抚顺市在5个时间段均处于收缩态势，绥化市的收缩最严重，收缩水平达到63.36%。鞍山市的收缩水平最低，仅为1.38%。通化市、四平市、哈尔滨市与伊春市的收缩水平高于30%。抚顺市、白山市、白城市、齐齐哈尔市、鸡西市、牡丹江市、黑河市7个城市的收缩水平均在20%以上，其余城市的收缩水平均在0～20%。

基于全市人口密度的人口收缩识别见表4-15。

表4-15 **基于全市人口密度的人口收缩识别**

序号	城市	全市人口密度（人/平方千米）							全市人口密度增长率（%）					
		1995年	2000年	2005年	2010年	2015年	2020年	均值	1995—2000年	2000—2005年	2005—2010年	2010—2015年	2015—2020年	1995—2020年
1	沈阳市	514	528	538	554	568	705	568	2.72	1.89	2.97	2.53	24.12	37.16
2	大连市	425	439	450	466	472	563	469	3.29	2.51	3.56	1.29	19.28	32.47
3	鞍山市	363	372	376	380	374	358	371	2.48	1.08	1.06	-1.58	-4.28	-1.38
4	抚顺市	209	201	199	196	191	165	194	-3.83	-1.00	-1.51	-2.55	-13.61	-21.05
5	本溪市	185	187	186	184	180	157	180	1.08	-0.53	-1.08	-2.17	-12.78	-15.14
6	丹东市	160	158	161	158	156	143	156	-1.25	1.90	-1.86	-1.27	-8.33	-10.63
7	锦州市	292	297	299	312	301	269	295	1.71	0.67	4.35	-3.53	-10.63	-7.88
8	营口市	407	419	427	449	444	430	429	2.95	1.91	5.15	-1.11	-3.15	5.65
9	阜新市	182	185	186	186	183	159	180	1.65	0.54	0.00	-1.61	-13.11	-12.64
10	辽阳市	371	383	384	387	374	334	372	3.23	0.26	0.78	-3.36	-10.70	-9.97
11	盘锦市	284	300	309	322	319	319	309	5.63	3.00	4.21	-0.93	0.00	12.32
12	铁岭市	224	230	233	235	231	183	223	2.68	1.30	0.86	-1.70	-20.78	-18.30
13	朝阳市	167	170	172	172	173	146	167	1.80	1.18	0.00	0.58	-15.61	-12.57
14	葫芦岛市	252	258	263	271	269	233	258	2.38	1.94	3.04	-0.74	-13.38	-7.54
15	长春市	353	340	356	368	366	440	371	-3.68	4.71	3.37	-0.54	20.22	24.65
16	吉林市	157	159	158	160	154	131	153	1.27	-0.63	1.27	-3.75	-14.94	-16.56
17	四平市	220	229	236	242	227	126	213	4.09	3.06	2.54	-6.20	-44.49	-42.73

续表

序号	城市	全市人口密度（人/平方千米）							全市人口密度增长率（%）					
		1995年	2000年	2005年	2010年	2015年	2020年	均值	1995—2000年	2000—2005年	2005—2010年	2010—2015年	2015—2020年	1995—2020年
18	辽源市	239	242	240	241	235	195	232	1.26	-0.83	0.42	-2.49	-17.02	-18.41
19	通化市	149	148	149	145	142	83	136	-0.67	0.68	-2.68	-2.07	-41.55	-44.30
20	白山市	72	74	75	74	72	54	70	2.78	1.35	-1.33	-2.70	-25.00	-25.00
21	松原市	117	130	132	138	132	107	126	11.11	1.54	4.55	-4.35	-18.94	-8.55
22	白城市	76	78	78	79	76	60	75	2.63	0.00	1.28	-3.80	-21.05	-21.05
23	哈尔滨市	289	176	184	187	181	189	201	-39.10	4.55	1.63	-3.21	4.42	-34.60
24	齐齐哈尔市	128	132	131	134	129	95	125	3.13	-0.76	2.29	-3.73	-26.36	-25.78
25	鸡西市	85	87	85	84	81	66	81	2.35	-2.30	-1.18	-3.57	-18.52	-22.35
26	鹤岗市	75	76	75	74	72	61	72	1.33	-1.32	-1.33	-2.70	-15.28	-18.67
27	双鸭山市	65	67	67	65	65	53	64	3.08	0.00	-2.99	0.00	-18.46	-18.46
28	大庆市	113	118	125	132	130	131	125	4.42	5.93	5.60	-1.52	0.77	15.93
29	伊春市	40	40	39	39	37	27	37	0.00	-2.50	0.00	-5.13	-27.03	-32.50
30	佳木斯市	71	73	75	78	73	66	73	2.82	2.74	4.00	-6.41	-9.59	-7.04
31	七台河市	131	139	142	149	134	111	134	6.11	2.16	4.93	-10.07	-17.16	-15.27
32	牡丹江市	77	66	66	67	67	59	67	-14.29	0.00	1.52	0.00	-11.94	-23.38
33	黑河市	24	25	25	21	25	18	23	4.17	0.00	-16.00	19.05	-28.00	-25.00
34	绥化市	292	155	161	168	157	107	173	-46.92	3.87	4.35	-6.55	-31.85	-63.36
均值		200	197	199	203	200	187	198	-0.81	1.14	0.99	-1.94	-13.08	-13.29

从表4-16可以看出，从全市人口密度的视角，1995—2020年东北地区收缩城市数量占城市总数的82%，即25年间总体上有28个城市处于收缩状态，其中辽宁省、吉林省、黑龙江省分别有10个、7个、11个城市处于收缩状态，分别占各个省份城市总数的71%、88%、92%，均在70%以上，其中吉林省与黑龙江省均在80%以上，黑龙江省的收缩比例最高，达到92%，可见东北地区收缩形势比较严峻。

在1995—2000年、2000—2005年、2005—2010年、2010—2015年、2015—2020年5个时间段收缩城市数占城市总数的比例分别为21%、24%、29%、82%、82%，其中2010—2015年、2015—2020年2个时间段内收缩城市的数量最多，均达到28个。1995—2000年、2000—2005年、2005—2010年3个时间段收缩城市的比例均低于30%，1995—2000年收缩城市的数量最少，仅有7个。

1995—2000年，辽宁省、吉林省、黑龙江省分别有2个、2个、3个城市处于收缩状态，分别占各省份城市总数的14%、25%、25%，其中吉林省与黑龙江省均在20%以上。

2000—2005年，辽宁省、吉林省、黑龙江省分别有2个、2个、4个城市处于收缩状态，分别占各省份城市总数的14%、25%、33%，黑龙江省是收缩比例最高的省份。

2005—2010年，辽宁省、吉林省、黑龙江省分别有3个、3个、4个城市处于收缩状态，分别占各省份城市总数的21%、38%、33%，其中吉林省与黑龙江省均在30%以上。

2010—2015年，辽宁省、吉林省、黑龙江省分别有11个、8个、9个城市处于收缩状态，分别占各省份城市总数的79%、100%、75%，三个省份均在70%以上，吉林省达到100%，是各时段内收缩最严重的一个时期。

2015—2020年，辽宁省、吉林省、黑龙江省分别有11个、7个、10个城市处于收缩状态，分别占各个省份城市总数的79%、88%、83%，其中吉林省与黑龙江省均在80%以上，吉林省的收缩比例最高，接近90%。

基于全市人口密度的东北地区城市收缩情况见表4-16。

表4-16 **基于全市人口密度的东北地区城市收缩情况**

时间	省	收缩城市	城市数量	收缩数量	比例（%）	总体收缩比例（%）
1995—2000年	辽宁省	抚顺市、丹东市	14	2	14	21
	吉林省	长春市、通化市	8	2	25	
	黑龙江省	哈尔滨市、牡丹江市、绥化市	12	3	25	
2000—2005年	辽宁省	抚顺市、本溪市	14	2	14	24
	吉林省	吉林市、辽源市	8	2	25	
	黑龙江省	齐齐哈尔市、鸡西市、鹤岗市、伊春市	12	4	33	
2005—2010年	辽宁省	抚顺市、本溪市、丹东市	14	3	21	29
	吉林省	通化市、白山市	8	3	38	
	黑龙江省	鸡西市、鹤岗市、双鸭山市、黑河市	12	4	33	
2010—2015年	辽宁省	鞍山市、抚顺市、本溪市、丹东市、锦州市、营口市、阜新市、辽阳市、盘锦市、铁岭市、葫芦岛市	14	11	79	82
	吉林省	长春市、吉林市、四平市、辽源市、通化市、白山市、松原市、白城市	8	8	100	
	黑龙江省	哈尔滨市、齐齐哈尔市、鸡西市、鹤岗市、大庆市、伊春市、佳木斯市、七台河市、绥化市	12	9	75	

续表

时间	省	收缩城市	城市数量	收缩数量	比例（%）	总体收缩比例（%）
2015—2020年	辽宁省	鞍山市、抚顺市、本溪市、丹东市、锦州市、营口市、阜新市、辽阳市、铁岭市、朝阳市、葫芦岛市	14	11	79	82
	吉林省	吉林市、四平市、辽源市、通化市、白山市、松原市、白城市	8	7	88	
	黑龙江省	齐齐哈尔市、鸡西市、鹤岗市、双鸭山市、伊春市、佳木斯市、七台河市、牡丹江市、黑河市、绥化市	12	10	83	
1995—2020年	辽宁省	鞍山市、抚顺市、本溪市、丹东市、锦州市、阜新市、辽阳市、铁岭市、朝阳市、葫芦岛市	14	10	71	82
	吉林省	吉林市、四平市、辽源市、通化市、白山市、松原市、白城市	8	7	88	
	黑龙江省	哈尔滨市、齐齐哈尔市、鸡西市、鹤岗市、双鸭山市、伊春市、佳木斯市、七台河市、牡丹江市、黑河市、绥化市	12	11	92	

4.2.2 市辖区人口密度收缩识别

从市辖区人口密度变化情况来看，东北地区34个地级市1995、2000、2005、2010、2015、2020年平均市辖区人口密度分别为876、865、869、775、693、640，呈现“下降—上升—下降”的波动下降趋势。1995—2020年，34个城市的平均市辖区人口密度为786，明显高于全市的人口密度水平，见表4-17。

表4-17 基于市辖区人口密度的人口收缩识别

序号	城市	市辖区人口密度（人/平方千米）							市辖区人口密度增长率（%）					
		1995年	2000年	2005年	2010年	2015年	2020年	均值	1995—2000年	2000—2005年	2005—2010年	2010—2015年	2015—2020年	1995—2020年
1	沈阳市	1 353	1 388	1 419	1 485	1 527	1 542	1 452	2.59	2.23	4.65	2.83	0.98	13.97
2	大连市	1 055	1 109	1 164	1 185	1 188	1 095	1 133	5.12	4.96	1.80	0.25	-7.83	3.79
3	鞍山市	2 311	2 338	2 342	2 353	1 894	1 944	2 197	1.17	0.17	0.47	-19.51	2.64	-15.88
4	抚顺市	2 063	1 951	1 970	1 938	996	965	1 647	-5.43	0.97	-1.62	-48.61	-3.11	-53.22
5	本溪市	724	740	735	627	613	573	669	2.21	-0.68	-14.69	-2.23	-6.53	-20.86
6	丹东市	1 210	915	904	838	829	818	919	-24.38	-1.20	-7.30	-1.07	-1.33	-32.40
7	锦州市	1 781	1 894	2 008	2 141	1 176	1 344	1 724	6.34	6.02	6.62	-45.07	14.29	-24.54
8	营口市	963	1 025	1 231	1 288	1 325	1 318	1 192	6.44	20.10	4.63	2.87	-0.53	36.86
9	阜新市	1 567	1 746	1 745	1 610	1 551	1 571	1 632	11.42	-0.06	-7.74	-3.66	1.29	0.26
10	辽阳市	1 187	1 268	1 246	1 206	783	792	1 080	6.82	-1.74	-3.21	-35.07	1.15	-33.28
11	盘锦市	2 072	2 070	2 169	2 294	2 590	566	1 960	-0.10	4.78	5.76	12.90	-78.15	-72.68

续表

序号	城市	市辖区人口密度（人/平方千米）							市辖区人口密度增长率（%）					
		1995年	2000年	2005年	2010年	2015年	2020年	均值	1995—2000年	2000—2005年	2005—2010年	2010—2015年	2015—2020年	1995—2020年
12	铁岭市	1 184	668	688	677	668	706	765	-43.58	2.99	-1.60	-1.33	5.69	-40.37
13	朝阳市	769	832	878	507	536	606	688	8.19	5.53	-42.26	5.72	13.06	-21.20
14	葫芦岛市	382	398	410	434	401	401	404	4.19	3.02	5.85	-7.60	0.00	4.97
15	长春市	866	813	936	757	910	831	852	-6.12	15.13	-19.12	20.21	-8.68	-4.04
16	吉林市	792	899	495	505	482	511	614	13.51	-44.94	2.02	-4.55	6.02	-35.48
17	四平市	1 091	851	1 475	568	539	382	818	-22.00	73.33	-61.49	-5.11	-29.13	-64.99
18	辽源市	2 157	2 176	2 323	1 083	1 088	1 227	1 676	0.88	6.76	-53.38	0.46	12.78	-43.12
19	通化市	560	568	599	601	590	603	587	1.43	5.46	0.33	-1.83	2.20	7.68
20	白山市	113	122	124	223	208	165	159	7.96	1.64	79.84	-6.73	-20.67	46.02
21	松原市	484	505	472	444	456	568	488	4.34	-6.53	-5.93	2.70	24.56	17.36
22	白城市	246	254	202	202	194	182	213	3.25	-20.47	0.00	-3.96	-6.19	-26.02
23	哈尔滨市	1 778	1 832	933	666	538	542	1 048	3.04	-49.07	-28.62	-19.22	0.74	-69.52

续表

序号	城市	市辖区人口密度（人/平方千米）							市辖区人口密度增长率（%）					
		1995年	2000年	2005年	2010年	2015年	2020年	均值	1995—2000年	2000—2005年	2005—2010年	2010—2015年	2015—2020年	1995—2020年
24	齐齐哈尔市	330	329	329	324	314	323	325	-0.30	0.00	-1.52	-3.09	2.87	-2.12
25	鸡西市	394	402	390	382	361	330	377	2.03	-2.99	-2.05	-5.50	-8.59	-16.24
26	鹤岗市	152	153	150	149	143	132	147	0.66	-1.96	-0.67	-4.03	-7.69	-13.16
27	双鸭山市	281	285	283	286	279	261	251	1.42	-0.70	1.06	-2.45	-6.45	-7.12
28	大庆市	201	217	240	261	266	343	255	7.96	10.60	8.75	1.92	28.95	70.65
29	伊春市	42	43	42	41	39	18	38	2.38	-2.33	-2.38	-4.88	-53.85	-57.14
30	佳木斯市	563	439	437	437	416	400	449	-22.02	-0.46	0.00	-4.81	-3.85	-28.95
31	七台河市	261	278	291	157	137	124	208	6.51	4.68	-46.05	-12.74	-9.49	-52.49
32	牡丹江市	560	595	578	333	373	319	460	6.25	-2.86	-42.39	12.01	-14.48	-43.04
33	黑河市	12	13	13	13	14	12	13	8.33	0.00	0.00	7.69	-14.29	0.00
34	绥化市	292	310	319	326	305	254	301	6.16	2.90	2.19	-6.44	-16.72	-13.01
均值		876	865	869	775	698	640	786	0.20	1.04	-6.41	-5.29	-5.30	-17.33

沈阳市、大庆市的市辖区人口密度一直处于上升态势。大连市、营口市的市辖区人口密度在1995—2015年一直处于上升态势，在2015—2020年处于下降态势。沈阳市、大连市、鞍山市、锦州市、营口市、阜新市、辽源市7个城市2020年的市辖区人口密度分别为1 542、1 095、1 944、1 344、1 318、1 571、1 227，均高于1 000，是东北地区市辖区人口密度较高的城市。抚顺市、本溪市、丹东市、辽阳市、盘锦市、铁岭市、朝阳市、长春市、吉林市、通化市、松原市、哈尔滨市12个城市2020年的市辖区人口密度均在500以上，其余城市2020年的市辖区人口密度均低于500。

从市辖区人口密度增长率情况来看，东北地区34个城市总体上在1995—2000年、2000—2005年2个时间段处于增长态势，2005—2010年、2010—2015年、2015—2020年3个时间段处于收缩态势。2005—2010年的收缩程度最大，达到6.41%，收缩最严重。1995—2020年，东北地区市辖区人口总体处于收缩状态，收缩水平为17.33%。

1995—2020年，沈阳市、大庆市市辖区人口密度一直处于增长态势，增长率分别为13.97%、70.65%，大庆市增长极快。大连市、营口市、阜新市、葫芦岛市、通化市、白山市、松原市6个城市在1995—2020年都在不同时段发生了收缩，但总体呈增长态势，增长率分别为3.79%、36.86%、0.26%、4.97%、7.68%、46.02%、17.36%。其中白山市的增长率最高，达到46.02%，阜新市最低，仅为0.26%。盘锦市的收缩最严重，收缩水平达到72.68%。四平市、哈尔滨市的收缩水平均达到60%以上；抚顺市、伊春市、七台河市的收缩水平均达到50%以上，这些城市发生了市辖区严重的人口收缩。

从表4-18可以看出，基于市辖区人口密度的视角，1995—2020年东北地区收缩城市数量占城市总量的71%，即25年间总体上有24个城市的市辖区人口处于收缩状态，其中辽宁省、吉林省、黑龙江省分别有9个、5个、10个城市处于收缩状态，分别占各个省份城市总数的64%、63%、83%，均在60%以上，黑龙江省在80%以上，收缩比例最高，东北地区收缩形势比较严峻。

表4-18　　基于市辖区人口密度的东北地区城市收缩情况

时间	省	收缩城市	城市数量	收缩数量	比例（%）	省域收缩比例（%）
1995—2000年	辽宁省	抚顺市、丹东市、盘锦市、铁岭市	14	4	29	24
	吉林省	长春市、四平市	8	2	25	
	黑龙江省	齐齐哈尔市、佳木斯市	12	2	17	
2000—2005年	辽宁省	本溪市、丹东市、阜新市、辽阳市	14	4	29	41
	吉林省	吉林市、松原市、白城市	8	3	38	
	黑龙江省	哈尔滨市、鸡西市、鹤岗市、双鸭山市、伊春市、佳木斯市、牡丹江市	12	7	58	
2005—2010年	辽宁省	抚顺市、本溪市、丹东市、阜新市、辽阳市、铁岭市、朝阳市	14	7	50	53
	吉林省	长春市、四平市、辽源市、松原市	8	4	50	
	黑龙江省	哈尔滨市、齐齐哈尔市、鸡西市、鹤岗市、伊春市、七台河市、牡丹江市	12	7	58	
2010—2015年	辽宁省	鞍山市、抚顺市、本溪市、丹东市、锦州市、阜新市、辽阳市、铁岭市、葫芦岛市	14	9	64	68
	吉林省	吉林市、四平市、通化市、白山市、白城市	8	5	63	
	黑龙江省	哈尔滨市、齐齐哈尔市、鸡西市、鹤岗市、双鸭山市、伊春市、佳木斯市、七台河市、绥化市	12	9	75	

续表

时间	省	收缩城市	城市数量	收缩数量	比例（%）	省域收缩比例（%）
2015—2020年	辽宁省	大连市、抚顺市、本溪市、丹东市、营口市、盘锦市	14	6	43	56
	吉林省	长春市、四平市、白山市、白城市	8	4	50	
	黑龙江省	鸡西市、鹤岗市、双鸭山市、伊春市、佳木斯市、七台河市、牡丹江市、黑河市、绥化市	12	9	75	
1995—2020年	辽宁省	鞍山市、抚顺市、本溪市、丹东市、锦州市、辽阳市、盘锦市、铁岭市、朝阳市	14	9	64	71
	吉林省	长春市、吉林市、四平市、辽源市、白城市	8	5	63	
	黑龙江省	哈尔滨市、齐齐哈尔市、鸡西市、鹤岗市、双鸭山市、伊春市、佳木斯市、七台河市、牡丹江市、绥化市	12	10	83	

在1995—2000年、2000—2005年、2005—2010年、2010—2015年、2015—2020年5个时间段，东北地区市辖区人口收缩城市数量占城市总数的比例分别为24%、41%、53%、68%、56%，其中2010—2015年收缩城市的数量最多，达到23个。1995—2000年收缩城市的数量最少，仅有8个。

1995—2000年，辽宁省、吉林省、黑龙江省分别有4个、2个、2个城市处于收缩状态，分别占各省份城市总数的29%、25%、17%，其中辽宁省与吉林省均在20%以上。

2000—2005年，辽宁省、吉林省、黑龙江省分别有4个、3个、7个城市处于收缩状态，分别占各省份城市总数的29%、38%、58%，其中黑龙江省在50%以上，是收缩比例最高的省份。

2005—2010年，辽宁省、吉林省、黑龙江省分别有7个、4个、7个城市处于收缩状态，分别占各省份城市总数的50%、50%、58%，3个省份均不低于50%。

2010—2015年，辽宁省、吉林省、黑龙江省分别有9个、5个、9个城市处于收缩状态，分别占各省份城市总数的64%、63%、75%，三个省份均高于60%，吉林省达到75%。

2015—2020年，辽宁省、吉林省、黑龙江省分别有6个、4个、9个城市处于收缩状态，分别占各省份城市总数的43%、50%、75%，其中吉林省与黑龙江省均高于50%，黑龙江省的收缩比例最高，达到75%。

4.2.3 县域人口密度收缩识别

从县域人口密度变化情况来看，东北地区34个地级市1995、2000、2005、2010、2015、2020年平均县域人口密度分别为132、136、135、138、134、101，呈现“上升—下降—上升—下降”的波动下降的变化趋势。25年间，34个城市的平均县域人口密度为129，明显低于市辖区与全市的人口密度水平，这与城乡分布格局的规律基本吻合，见表4-19。

大连市、鞍山市、营口市、长春市4个城市2020年的县域人口密度分别为214、210、258、240，均高于200。沈阳市、锦州市、辽阳市、铁岭市、朝阳市、葫芦岛市、辽源市、哈尔滨市8个城市2020年的县域人口密度分别为152、172、196、156、117、185、100、104。其余城市2020年的县域人口密度均低于100，处于较低的水平。

从县域人口密度增长率情况来看，东北地区34个城市总体上仅在2005—2010年1个时间段处于增长态势，1995—2000年、2000—2005年、2010—2015年、2015—2020年4个时间段均处于收缩状态。2015—2020年的收缩水平最高，达到24.44%。1995—2020年，仅伊春市与七台河市的县域人口密度总体呈增长态势，其余城市均呈下降态势。在1995—2020年的25年间东北地区县域总体处于收缩状态，收缩水平为25.76%。

表4-19 **基于县域人口密度的人口收缩识别**

序号	城市	县域人口密度（人/平方千米）							县域人口密度增长率（%）					
		1995年	2000年	2005年	2010年	2015年	2020年	均值	1995—2000年	2000—2005年	2005—2010年	2010—2015年	2015—2020年	1995—2020年
1	沈阳市	205	211	214	215	214	152	202	2.93	1.42	0.47	-0.47	-28.97	-25.85
2	大连市	276	279	280	282	288	214	270	1.09	0.36	0.71	2.13	-25.69	-22.46
3	鞍山市	223	230	234	238	232	210	228	3.14	1.74	1.71	-2.52	-9.48	-5.83
4	抚顺市	85	83	79	78	76	55	76	-2.35	-4.82	-1.27	-2.56	-27.63	-35.29
5	本溪市	86	85	85	86	85	65	82	-1.16	0.00	1.18	-1.16	-23.53	-24.42
6	丹东市	118	114	118	113	112	98	112	-3.39	3.51	-4.24	-0.88	-12.50	-16.95
7	锦州市	225	226	224	227	223	172	216	0.44	-0.88	1.34	-1.76	-22.87	-23.56
8	营口市	331	336	307	320	308	258	310	1.51	-8.63	4.23	-3.75	-16.23	-22.05
9	阜新市	114	115	116	115	115	89	111	0.88	0.87	-0.86	0.00	-22.61	-21.93
10	辽阳市	259	264	265	263	250	196	250	1.93	0.38	-0.75	-4.94	-21.60	-24.32
11	盘锦市	167	176	179	185	171	69	158	5.39	1.70	3.35	-7.57	-59.65	-58.68

续表

序号	城市	县域人口密度（人/平方千米）							县域人口密度增长率（%）					
		1995年	2000年	2005年	2010年	2015年	2020年	均值	1995—2000年	2000—2005年	2005—2010年	2010—2015年	2015—2020年	1995—2020年
12	铁岭市	200	207	210	211	208	156	199	3.50	1.45	0.48	-1.42	-25.00	-22.00
13	朝阳市	149	150	151	152	151	117	145	0.67	0.67	0.66	-0.66	-22.52	-21.48
14	葫芦岛市	216	218	221	224	231	185	216	0.93	1.38	1.36	3.13	-19.91	-14.35
15	长春市	252	240	232	250	201	240	236	-4.76	-3.33	7.76	-19.60	19.40	-4.76
16	吉林市	113	100	106	107	102	71	100	-11.50	6.00	0.94	-4.67	-30.39	-37.17
17	四平市	194	204	199	215	201	93	184	5.15	-2.45	8.04	-6.51	-53.73	-52.06
18	辽源市	159	161	153	162	158	100	149	1.26	-4.97	5.88	-2.47	-36.71	-37.11
19	通化市	127	126	125	122	119	57	113	-0.79	-0.79	-2.40	-2.46	-52.10	-55.12
20	白山市	65	65	60	47	46	34	53	0.00	-7.69	-21.67	-2.13	-26.09	-47.69
21	松原市	129	111	113	117	111	78	110	-13.95	1.80	3.54	-5.13	-29.73	-39.53
22	白城市	63	64	65	65	63	47	61	1.59	1.56	0.00	-3.08	-25.40	-25.40

续表

序号	城市	县域人口密度（人/平方千米）							县域人口密度增长率（%）					
		1995年	2000年	2005年	2010年	2015年	2020年	均值	1995—2000年	2000—2005年	2005—2010年	2010—2015年	2015—2020年	1995—2020年
23	哈尔滨市	144	123	118	113	96	104	116	-14.58	-4.07	-4.24	-15.04	8.33	-27.78
24	齐齐哈尔市	105	110	109	112	108	69	102	4.76	-0.91	2.75	-3.57	-36.11	-34.29
25	鸡西市	50	51	50	50	49	36	48	2.00	-1.96	0.00	-2.00	-26.53	-28.00
26	鹤岗市	41	41	41	41	40	29	39	0.00	0.00	0.00	-2.44	-27.50	-29.27
27	双鸭山市	47	48	48	47	61	35	48	2.13	0.00	-2.08	0.00	-42.62	-25.53
28	大庆市	85	87	88	91	87	64	84	2.35	1.15	3.41	-4.40	-26.44	-24.71
29	伊春市	36	36	35	35	34	39	36	0.00	-2.78	0.00	-2.86	14.71	8.33
30	佳木斯市	49	51	53	56	52	45	51	4.08	3.92	5.66	-7.14	-13.46	-8.16
31	七台河市	80	83	83	138	129	92	101	3.75	0.00	66.27	-6.52	-28.68	15.00
32	牡丹江市	57	48	48	48	48	39	48	-15.79	0.00	0.00	0.00	-18.75	-31.58
33	黑河市	27	28	29	23	27	20	26	3.70	3.57	-20.69	17.39	-25.93	-25.93
34	绥化市	0	142	147	155	145	94	114	—	3.52	5.44	-6.45	-35.15	—
均值		132	136	135	138	134	101	129	-0.46	-0.24	1.97	-2.99	-24.44	-25.76

从表4-20可以看出，基于县域人口密度的视角，1995—2020年东北地区收缩城市数量占城市总数的91%，即25年间总体上有31个城市的县域人口处于收缩状态，其中辽宁省、吉林省、黑龙江省分别有14个、8个、9个城市处于收缩状态，分别占各个省份城市总数的100%、100%、75%，辽宁省与吉林省全部县域人口收缩，东北地区收缩形势比较严峻。

表4-20 **基于县域人口密度的东北地区城市收缩情况**

时间	省	收缩城市	城市数量	收缩数量	比例（%）	省域收缩比例（%）
1995—2000年	辽宁省	抚顺市、本溪市、丹东市	14	3	21	26
	吉林省	长春市、吉林市、通化市、松原市	8	4	50	
	黑龙江省	哈尔滨市、牡丹江市	12	2	17	
2000—2005年	辽宁省	抚顺市、锦州市、营口市	14	3	21	35
	吉林省	长春市、四平市、辽源市、通化市、白山市	8	5	63	
	黑龙江省	哈尔滨市、齐齐哈尔市、鸡西市、伊春市	12	4	33	
2005—2010年	辽宁省	抚顺市、丹东市、阜新市、辽阳市	14	4	29	26
	吉林省	通化市、白山市	8	2	25	
	黑龙江省	哈尔滨市、双鸭山市、黑河市	12	3	25	
2010—2015年	辽宁省	沈阳市、鞍山市、抚顺市、本溪市、丹东市、锦州市、营口市、辽阳市、盘锦市、铁岭市、朝阳市	14	11	79	82
	吉林省	长春市、吉林市、四平市、辽源市、通化市、白山市、松原市、白城市	8	8	100	
	黑龙江省	哈尔滨市、齐齐哈尔市、鸡西市、鹤岗市、大庆市、伊春市、佳木斯市、七台河市、绥化市	12	9	75	

续表

时间	省	收缩城市	城市数量	收缩数量	比例（%）	省域收缩比例（%）
2015—2020年	辽宁省	沈阳市、大连市、鞍山市、抚顺市、本溪市、丹东市、锦州市、营口市、阜新市、辽阳市、盘锦市、铁岭市、朝阳市、葫芦岛市	14	14	100	91
	吉林省	吉林市、四平市、辽源市、通化市、白山市、松原市、白城市	8	7	88	
	黑龙江省	齐齐哈尔市、鸡西市、鹤岗市、双鸭山市、大庆市、佳木斯市、七台河市、牡丹江市、黑河市、绥化市	12	10	83	
1995—2020年	辽宁省	沈阳市、大连市、鞍山市、抚顺市、本溪市、丹东市、锦州市、营口市、阜新市、辽阳市、盘锦市、铁岭市、朝阳市、葫芦岛市	14	14	100	91
	吉林省	长春市、吉林市、四平市、辽源市、通化市、白山市、松原市、白城市	8	8	100	
	黑龙江省	哈尔滨市、齐齐哈尔市、鸡西市、鹤岗市、双鸭山市、大庆市、佳木斯市、牡丹江市、黑河市	12	9	75	

在1995—2000年、2000—2005年、2005—2010年、2010—2015年、2015—2020年5个时间段中，县域人口收缩的城市占城市总数的比例分别为26%、35%、26%、82%、91%，其中2015—2020年收缩城市的数量最多，达到了31个，2010—2015年收缩城市的数量次之，达到28个，1995—2000年和2005—2010年收缩城市的数量最少，仅为9个。

1995—2000年，辽宁省、吉林省、黑龙江省分别有3个、4个、2个城市处于收缩状态，分别占各省份城市总数的21%、50%、17%，其中吉林省的收缩比例最高。

2000—2005年，辽宁省、吉林省、黑龙江省分别有3个、5个、4个城市处于收缩状态，分别占各省份城市总数的21%、63%、33%，其中黑龙江省达到60%，是收缩比例最高的省份。

2005—2010年，辽宁省、吉林省、黑龙江省分别有4个、2个、3个城市处于收缩状态，分别占各省份城市总数的29%、25%、25%，三个省份均在20%以上。

2010—2015年，辽宁省、吉林省、黑龙江省分别有11个、8个、9个城市处于收缩状态，分别占各省份城市总数的79%、100%、75%，三个省份均在60%以上，吉林省全部城市处于收缩状态。

2015—2020年，辽宁省、吉林省、黑龙江省分别有14个、7个、10个城市处于收缩状态，分别占各省份城市总数的100%、88%、83%，其中吉林省与黑龙江省均在80%以上，辽宁省全部城市处于收缩状态，是收缩最严重的时期。

4.3 本章小结

本章分别以五普、六普、七普的人口普查数据和中国城市统计年鉴的统计数据为基础对东北地区城市收缩问题进行系统研究，主要研究人口收缩视角下的城市收缩问题。

1）基于人口普查数据的研究发现

（1）东北地区省域层面的研究结果显示：从东北地区人口数量的变化情况来看，辽宁省、吉林省与黑龙江省第五次全国人口普查到第六次全国人口普查之间总人口数量与城市人口数量均呈现增长态势，乡村人口呈下降态势，从总人口变化来看表现为各个省份的扩张，从城市与乡村人口的变化来看表现为城市扩张与乡村收缩，这一阶段的城市收缩主要表现在乡村的收缩，大部分城市呈扩张状态。第六次全国人口普查到第七次全国人口普查之间辽宁省、吉林省与黑龙江省总人口数量呈下降态势，辽宁省与吉林省城市人口数量呈增长态势，黑龙江省城市人口数量呈下降态势。辽宁省、吉林省与黑龙江省的乡村人口数量均呈下降态势。这一阶段表现为3个省份的乡村收缩，辽宁省与吉林省的城市扩张，黑龙江省的城市收缩。

从第五次全国人口普查到第七次全国人口普查的情况来看，东北地区在20年间，辽宁省总人口数量增长，但增长率只有1.83%。吉林省与黑龙江省总人口数量增长率分别为-10.18%、-12.11%，均呈下降态势。3个省份的城市人口数量增长率分别为33.79%、13.29%、11.92%，均呈明显的增长态势，且辽宁省的增长较明显。3个省份的乡村人口数量增长率分别为-37.08%、-33.33%、-37.65%，均呈较明显的下降态势，3个省份的乡村呈明显的收缩状态。且吉林省与黑龙江省的乡村人口下降速度高于城市人口增长速度，因此二者表现为整体的收缩态势，而辽宁省的城市人口增长速度高于乡村人口下降速度，因而表现为整体的增长态势。

（2）东北地区地级市层面的研究结果显示：从东北地区36个行政单元的平均人口变化情况来看，从五普到七普，总人口处于先增长后下降的态势。从五普到六普，36个行政单元平均总人口与城市人口数量增长，乡村人口数量下降，这一阶段的城市收缩主要表现为乡村人口的收缩；从六普到七普，36个行政单元平均总人口与乡村人口下降，而平均城市人口增长，且从五普到七普，平均城市人口持续处于增长态势，且七普平均总人口数量低于五普平均总人口数量，总人口在六普到七普之间发生了严重的收缩。东北地区36个行政单元的平均城市人口数量一直处于增长态势，平均乡村人口数量持续处于收缩态势，且平均乡村人口在七普时收缩至897 455人，远低于100万人的水平。从地级市层面也可以看出，东北地区城市收缩的主要原因在于乡村人口的持续收缩。东北地区农村的空心化问题与现象是东北地区人口流失的主要原因。

（3）东北地区县区层面的研究结果显示：东北地区第五次全国人口普查到第六次全国人口普查期间36个行政单元的285个县区中有136个县区处于总人口收缩状态，收缩县区数量占县区总数的48%，136个县区的平均收缩水平为9%；第六次全国人口普查到第七次全国人口普查期间36个行政单元的285个县区中有236个县区处于人口收缩状态，收缩县区数量占县区总数的83%，236个县区的平均收缩水平为23%；第五次全国人口普查到第七次全国人口普查期间36个行政单元的285个县区中有206个县区处于人口收缩状态，收缩县区数量占县区总数的72%，206个县区的平均收缩水平为27%。东北地区五普到七普总人口收缩的区、县、县级市数量分别占区、县、县级市总数的49%、98%、89%，收缩的区域集中于县与县级市两个层面，县级层面收缩比例更高，而区级层面收缩比例较低，表明从五普到七普东北地区的城市收缩问题已经愈加严重，且中心城区以外的县与县级市面临着人口流失的严峻问题，各城市所属外围的县与县级市的空心化问题也更加严重，吉林省与黑龙江省的这一问题要严重于辽宁省。

2）基于人口密度数据的研究发现

从全市人口密度变化情况来看，东北地区34个地级市1995、2000、2005、2010、2015、2020年平均全市人口密度分别为200、197、199、203、200、187，呈现“下降—上升—下降”的波动下降的变化趋势。1995—2020年，34个城市的平均全市人口密度为198，处于较低的水平。从全市人口密度增长率情况来看，东北地区34个城市总体上在1995—2000年、2010—2015年、2015—2020年3个时间段处于收缩态势。2000—2005年、2005—2010年2个时间段处于增长态势，但增长率呈下降趋势。2015—2020年收缩程度最大，达到了13.08%，收缩最严重。在1995—2020年的25年间东北地区全市总体处于收缩状态，收缩水平为13.29%。

从市辖区人口密度变化情况来看，东北地区34个地级市1995、2000、2005、2010、2015、2020年平均市辖区人口密度分别为876、865、869、775、693、640，呈现“下降—上升—下降”的波动下降的变化趋势。1995—2020年，34个城市的平均市辖区人口密度为786，明显高于全市人口密度水平。从市辖区人口密度增长率情况来看，东北地区34个城市总体上在1995—2000年、2000—2005年2个时间段处于增长态势，2005—2010年、2010—2015年、2015—2020年3个时间段处于收缩状态。在2005—2010年的收缩程度最大，达到了6.41%，收缩最严重。在1995—2020年的25年间东北地区市辖区总体处于收缩状态，收缩水平为17.33%。

从县域人口密度变化情况来看，东北地区34个地级市1995、2000、2005、2010、2015、2020年平均县域人口密度分别为132、136、135、138、134、101，呈现“上升—下降—上升—下降”的波动下降的变化趋势。1995—2020年，34个城市的平均县域人口密度为129，明显低于市辖区与全市人口密度水平，这与城乡分布格局的规律基本吻合。从县域人口密度增长率情况来看，东北地区34个城市总体上仅在2005—2010年处于增长态势，1995—2000年、2000—2005年、2010—2015年、2015—2020年4个时间段处于收缩状态。在2015—2020年的收缩程度最大，达到了24.44%，收缩最严重。1995—2020年，仅伊春市与七台河市的县域人口密度总体呈增长态势，其余县域空间均呈人口收缩状态。在1995—2020年的25年间，东北地区县域总体处于收缩状态，收缩水平为25.76%。

第5章　东北地区城市空间扩张的时空格局演化

通过第4章的研究可以发现，在基于人口变化层面，东北地区的城市在1995—2020年发生了不同程度的收缩，且收缩程度在逐渐加剧。与此同时，东北地区城市的空间会呈现怎么样的变化呢？随着人口的收缩，城市空间是随之控制扩张范围，还是持续快速扩张呢？

在东北地区城市发展的实践中，可以看出部分城市为了增加市辖区的范围，实施了撤县市设区和增设新区的发展战略，具体的城市实施情况见表5-1。

表5-1　　东北地区撤县市设区情况

序号	省	市	撤县市设区	调整方案
1	辽宁省	沈阳市	辽中区/辽中县	2016年1月，国务院批准撤辽中县设辽中区；2016年4月11日，辽中区正式挂牌

续表

序号	省	市	撤县市设区	调整方案
2	辽宁省	大连市	普兰店区/普兰店市	2015年10月13日，国务院正式批复同意撤销普兰店市设立大连市普兰店区
3	辽宁省	盘锦市	大洼区/大洼县	1975年11月9日，国务院批准设大洼县，划归营口市；1984年，成立盘锦市，大洼县划归盘锦市；2016年3月，经国务院、省政府批复同意撤销大洼县，设立盘锦市大洼区
4	吉林省	长春市	九台区/九台市	1956年7月，设立怀德专区，九台县划归怀德专区。同年10月，怀德专区更名公主岭专区；1958年，撤销公主岭专区，九台县划归长春市；1966年，设立德惠专区，九台县划归德惠专区；1969年，撤销德惠专区，九台县划归长春市；1988年，撤销九台县，设立九台市；2014年，撤销县级九台市，设立九台区
5	吉林省	白山市	江源区/江源县	1994年1月31日，经国务院批准，浑江市更名为白山市，浑江市三岔子区更名为白山市三岔子区；1995年12月30日，经国务院批准白山市三岔子区改为吉林省江源县；2006年6月5日，国务院批准同意撤销吉林省江源县，恢复设立白山市江源区，以原江源县的行政区域为江源区的行政区域，区人民政府驻孙家堡子镇

续表

序号	省	市	撤县市设区	调整方案
6	黑龙江省	哈尔滨市	阿城区/阿城市	1987年2月，经国务院批准撤县建市，由省会哈尔滨市代管；2006年8月，经国务院批准撤销阿城市，设立哈尔滨市阿城区，以原阿城市（不包括永源镇、巨源镇）的行政区域为阿城区的行政区域
7	黑龙江省	哈尔滨市	呼兰区/呼兰县	2004年2月4日，国务院批复撤销呼兰县，设立哈尔滨市呼兰区
8	黑龙江省	哈尔滨市	双城区/双城市	2014年5月2日，国务院批准撤销县级双城市，设立哈尔滨市双城区；2015年5月10日，哈尔滨市双城区正式挂牌成立
9	黑龙江省	哈尔滨市	松北区/松北镇、松浦镇、万宝镇、乐业镇、对青山镇	2003年3月3日，哈尔滨市政府常务会议（第2次），同意市民政局起草的《哈尔滨市市辖区调整意见》，将松花江北岸现属道外行政区域内的松北镇、松浦镇、万宝镇和呼兰县的乐业镇、对青山镇整建制合并，设立哈尔滨市新的市辖区，区名为松北区；2004年2月4日，国务院批准同意哈尔滨市设立松北区

部分城市实施了撤区设县市和直接撤区的战略，具体见表5-2。

表5-2 **东北地区撤区设县市情况**

序号	省	市	撤区设县市	调整方案
1	黑龙江省	伊春市	南岔县/南岔区	2019年7月，伊春市召开动员大会，撤销伊春市南岔区，设立南岔县，以原伊春市南岔区的行政区域为南岔县的行政区域；同年7月14日，南岔县委挂牌成立；同年9月1日，南岔县人民政府挂牌成立

续表

序号	省	市	撤区设县市	调整方案
2	黑龙江省	伊春市	汤旺县/汤旺河区、乌伊岭区	1967年10月，设立伊春市乌伊岭区；1984年，东风区更名汤旺河区；2019年7月13日，伊春市召开动员大会，宣读《国务院关于同意黑龙江省调整伊春市部分行政区划的批复》，新设立汤旺县，由原汤旺河区、乌伊岭区合并而成
3	黑龙江省	伊春市	丰林县/新青区、红星区、五营区	1980年设立新青区人民政府机构；1980年，恢复红星区人民政府与红星林业局政企合一体制，红星林业局为省属森工大二型企业，隶属伊春林业管理局领导，红星区人民政府隶属于伊春市人民政府领导；1992年，五营区成为伊春市管辖的市辖区；1992年，新青区、红星区、五营区均隶属伊春市管辖；2019年6月29日，经国务院批准撤销伊春市新青区、红星区、五营区，设立丰林县，以原新青区、红星区、五营区的行政区域为丰林县的行政区域
4	黑龙江省	伊春市	大箐山县/带岭区	1957年7月，国务院批准伊春撤县设市后，同年11月20日，撤销带岭镇，设立伊春市带岭区；1992年，带岭区为伊春市管辖的市辖区；2019年6月29日，经国务院批准撤销伊春市带岭区，设立大箐山县，以原带岭区的行政区域为大箐山县的行政区域，将县级铁力市的朗乡镇划归大箐山县管辖
5	黑龙江省	伊春市	上甘岭区（撤销）	1964年12月21日，黑龙江省人民委员会批准恢复上甘岭区；1992年，上甘岭区归伊春市管辖的市辖区；2019年7月，撤销上甘岭区，并入友好区

通过以上部分城市的发展战略可以看出，东北地区的大部分城市在面临或即将面临的城市收缩问题时，依然选择了扩大城市空间，那么各个城市的空间程度到底如何？为了更精准识别东北地区城市的扩张问题，本章拟选择与城市空间发展紧密的相关指标来识别城市的扩张程度。

5.1 空间扩张的指标选择

这里结合现有的研究以及东北地区的发展特色与数据的可获取性，选择城市建成区面积（1995—2020年）、城市建设用地面积（2005—2020年）、居住用地面积（2010—2020年）、绿地面积（1995—2020年）、建成区绿化覆盖面积（1995—2020年）5个指标来识别东北地区城市扩张的变化过程与程度，以上指标的数据来源于1996—2021年《中国城市统计年鉴》。

5.2 空间扩张的识别

5.2.1 基于城市建成区空间扩张的识别

从城市建成区面积的变化情况来看，东北地区34个城市1995—2020年各年的平均城市建成区面积分别为72平方千米、81平方千米、96平方千米、117平方千米、134平方千米、145平方千米，呈现逐步上升的变化趋势。25年间，34个城市的总体平均城市建成区面积为107平方千米，见表5-3。

从城市建成区的扩张情况来看，东北地区34个城市总体上在1995—2020年一直处于扩张态势，5个时段的扩张水平分别为13.35%、14.08%、18.75%、14.86%、8.16%，呈现先上升后下降的变化趋势，25年间平均扩张水平为91.80%。鹤岗市、双鸭山市、伊春市、黑河市4个城市的城市建成区面积在1995—2020年均呈现收缩状态，收缩水平分别为3.45%、1.69%、29.20%、4.76%，其他城市的城市建成区面积在1995—2020年均呈现扩张状态。

表5-3 **基于城市建成区面积的空间扩张识别**

序号	城市	城市建成区实际面积（平方千米）							城市建成区面积增长率（%）						扩张速度排序
		1995年	2000年	2005年	2010年	2015年	2020年	均值	1995—2000年	2000—2005年	2005—2010年	2010—2015年	2015—2020年	1995—2020年	
1	沈阳市	186	217	310	412	465	567	360	16.67	42.86	32.90	12.86	21.94	204.84	2
2	大连市	218	234	248	390	396	444	322	7.34	5.98	57.26	1.54	12.12	103.67	12
3	鞍山市	103	132	136	158	171	180	147	28.16	3.03	16.18	8.23	5.26	74.76	18
4	抚顺市	113	117	122	130	138	142	127	3.54	4.27	6.56	6.15	2.90	25.66	28
5	本溪市	69	69	107	107	109	109	95	0.00	55.07	0.00	1.87	0.00	57.97	21
6	丹东市	46	49	53	53	64	75	57	6.52	8.16	0.00	20.75	17.19	63.04	20
7	锦州市	52	64	62	71	88	77	69	23.08	-3.13	14.52	23.94	-12.50	48.08	25
8	营口市	62	63	93	99	110	180	101	1.61	47.62	6.45	11.11	63.64	190.32	4
9	阜新市	49	49	49	76	77	77	63	0.00	0.00	55.10	1.32	0.00	57.14	22
10	辽阳市	74	76	83	98	105	107	91	2.70	9.21	18.07	7.14	1.90	44.59	26
11	盘锦市	39	49	54	61	75	107	64	25.64	10.20	12.96	22.95	42.67	174.36	6

续表

序号	城市	城市建成区实际面积（平方千米）							城市建成区面积增长率（%）						扩张速度排序
		1995年	2000年	2005年	2010年	2015年	2020年	均值	1995—2000年	2000—2005年	2005—2010年	2010—2015年	2015—2020年	1995—2020年	
12	铁岭市	31	36	41	44	50	70	45	16.13	13.89	7.32	13.64	40.00	125.81	9
13	朝阳市	22	27	29	53	75	60	44	22.73	7.41	82.76	41.51	-20.00	172.73	7
14	葫芦岛市	47	54	62	75	92	93	71	14.89	14.81	20.97	22.67	1.09	97.87	14
15	长春市	124	159	231	394	506	551	328	28.23	45.28	70.56	28.43	8.89	344.35	1
16	吉林市	107	109	166	166	259	300	185	1.87	52.29	0.00	56.02	15.83	180.37	5
17	四平市	32	38	39	51	58	66	47	18.75	2.63	30.77	13.73	13.79	106.25	11
18	辽源市	28	30	40	46	46	46	39	7.14	33.33	15.00	0.00	0.00	64.29	19
19	通化市	24	39	45	36	53	64	44	62.50	15.38	-20.00	47.22	20.75	166.67	8
20	白山市	27	23	26	40	47	55	36	-14.81	13.04	53.85	17.50	17.02	103.70	12
21	松原市	26	32	36	43	50	54	40	23.08	12.50	19.44	16.28	8.00	107.69	10
22	白城市	24	32	38	38	43	47	37	33.33	18.75	0.00	13.16	9.30	95.83	15
23	哈尔滨市	156	168	302	359	428	473	314	7.69	79.76	18.87	19.22	10.51	203.21	3

续表

序号	城市	城市建成区实际面积（平方千米）							城市建成区面积增长率（%）						扩张速度排序
		1995年	2000年	2005年	2010年	2015年	2020年	均值	1995—2000年	2000—2005年	2005—2010年	2010—2015年	2015—2020年	1995—2020年	
24	齐齐哈尔市	102	103	113	135	140	140	122	0.98	9.71	19.47	3.70	0.00	37.25	27
25	鸡西市	64	73	73	79	81	80	75	14.06	0.00	8.22	2.53	−1.23	25.00	29
26	鹤岗市	58	58	43	43	53	56	52	0.00	−25.86	0.00	23.26	5.66	−3.45	32
27	双鸭山市	59	59	64	59	58	58	60	0.00	8.47	−7.81	−1.69	0.00	−1.69	31
28	大庆市	135	143	170	207	245	250	192	5.93	18.88	21.76	18.36	2.04	85.19	17
29	伊春市	137	158	158	161	171	97	147	15.33	0.00	1.90	6.21	−43.27	−29.20	34
30	佳木斯市	50	56	58	94	97	97	75	12.00	3.57	62.07	3.19	0.00	94.00	16
31	七台河市	67	122	97	62	68	68	81	82.09	−20.49	−36.08	9.68	0.00	1.49	30
32	牡丹江市	55	59	60	76	82	82	69	7.27	1.69	26.67	7.89	0.00	49.09	24
33	黑河市	21	21	19	19	19	20	20	0.00	−9.52	0.00	0.00	5.26	−4.76	33
34	绥化市	29	23	23	28	35	45	31	−20.69	0.00	21.74	25.00	28.57	55.17	23
均值		72	81	96	117	134	145	107	13.35	14.08	18.75	14.86	8.16	91.80	

1995—2020年，长春市城市建成区面积扩张了344.35%；沈阳市、哈尔滨市2个城市的城市建成区面积分别扩张了204.84%、203.21%；大连市、营口市、盘锦市、铁岭市、朝阳市、吉林市、四平市、通化市、白山市、松原市10个城市的城市建成区面积分别扩张了103.67%、190.32%、174.36%、125.81%、172.73%、180.37%、106.25%、166.67%、103.70%、107.69%，扩张水平均在100%以上。由此可见，东北地区有13个城市的城市建成区扩张水平在100%以上，占城市总量的38%，扩张范围较大。

从城市建成区的视角来看，东北地区在1995—2020年总体的扩张城市数量占所有城市的88%，即25年间总体上有30个城市处于扩张状态。其中，辽宁省、吉林省、黑龙江省分别有14个、8个、8个城市处于扩张状态，占比分别为100%、100%、67%，扩张水平均在60%以上。辽宁省与吉林省的全部城市均呈现扩张状态，东北地区城市扩张状态极度明显，见表5-4。

表5-4　**基于城市建成区的东北地区1995—2020年城市扩张情况**

时间	省	扩张城市	城市数量	扩张数量	比例（%）	省域扩张比例（%）
1995—2000年	辽宁省	沈阳市、大连市、鞍山市、抚顺市、丹东市、锦州市、营口市、辽阳市、盘锦市、铁岭市、朝阳市、葫芦岛市	14	12	86	79
	吉林省	长春市、吉林市、四平市、辽源市、通化市、松原市、白城市	8	7	88	
	黑龙江省	哈尔滨市、齐齐哈尔市、鸡西市、大庆市、伊春市、佳木斯市、七台河市、牡丹江市	12	8	67	

续表

时间	省	扩张城市	城市数量	扩张数量	比例（%）	省域扩张比例（%）
2000—2005年	辽宁省	沈阳市、大连市、鞍山市、抚顺市、本溪市、丹东市、营口市、辽阳市、盘锦市、铁岭市、朝阳市、葫芦岛市	14	12	86	76
	吉林省	长春市、吉林市、四平市、辽源市、通化市、白山市、松原市、白城市	8	8	100	
	黑龙江省	哈尔滨市、齐齐哈尔市、双鸭山市、大庆市、佳木斯市、牡丹江市	12	6	50	
2005—2010年	辽宁省	沈阳市、大连市、鞍山市、抚顺市、锦州市、营口市、阜新市、辽阳市、盘锦市、铁岭市、朝阳市、葫芦岛市	14	12	86	74
	吉林省	长春市、四平市、辽源市、白山市、松原市	8	5	63	
	黑龙江省	哈尔滨市、齐齐哈尔市、鸡西市、大庆市、伊春市、佳木斯市、牡丹江市、绥化市	12	8	67	
2010—2015年	辽宁省	沈阳市、大连市、鞍山市、抚顺市、本溪市、丹东市、锦州市、营口市、阜新市、辽阳市、盘锦市、铁岭市、朝阳市、葫芦岛市	14	14	100	91
	吉林省	长春市、吉林市、四平市、通化市、白山市、松原市、白城市	8	7	88	
	黑龙江省	哈尔滨市、齐齐哈尔市、鸡西市、鹤岗市、大庆市、伊春市、佳木斯市、七台河市、牡丹江市、绥化市	12	10	83	

续表

时间	省	扩张城市	城市数量	扩张数量	比例（%）	省域扩张比例（%）
2015—2020年	辽宁省	沈阳市、大连市、鞍山市、抚顺市、丹东市、营口市、辽阳市、盘锦市、铁岭市、葫芦岛市	14	10	71	65
	吉林省	长春市、吉林市、四平市、通化市、白山市、松原市、白城市	8	7	88	
	黑龙江省	哈尔滨市、鹤岗市、大庆市、黑河市、绥化市	12	5	42	
1995—2020年	辽宁省	沈阳市、大连市、鞍山市、抚顺市、本溪市、丹东市、锦州市、营口市、阜新市、辽阳市、盘锦市、铁岭市、朝阳市、葫芦岛市	14	14	100	88
	吉林省	长春市、吉林市、四平市、辽源市、通化市、白山市、松原市、白城市	8	8	100	
	黑龙江省	哈尔滨市、齐齐哈尔市、鸡西市、大庆市、佳木斯市、七台河市、黑河市、绥化市	12	8	67	

在1995—2000年、2000—2005年、2005—2010年、2010—2015年、2015—2020年5个时段，总体扩张城市比例分别为79%、76%、74%、91%、65%。其中，在2010—2015年扩张城市的数量最多，达到了31个城市，其他时段的扩张水平均在65%以上。

1995—2000年，辽宁省、吉林省、黑龙江省分别有12个、7个、8个城市处于扩张状态，占比分别为86%、88%、67%。其中，辽宁省与吉林省的扩张水平均在80%以上。

2000—2005年，辽宁省、吉林省、黑龙江省分别有12个、8个、6个城市处于扩张状态，占比分别为86%、100%、50%。其中，吉林省全部城市均呈扩张状态。

2005—2010年，辽宁省、吉林省、黑龙江省分别有12个、5个、8个城市处于扩张状态，占比分别为86%、63%、67%。其中，辽宁省的扩张水平在80%以上。

2010—2015年，辽宁省、吉林省、黑龙江省分别有14个、7个、10个城市处于扩张状态，占比分别为100%、88%、83%。其中，三个省份的扩张水平均在80%以上，辽宁省达到了100%的扩张水平。

2015—2020年，辽宁省、吉林省、黑龙江省分别有10个、7个、5个城市处于扩张状态，占比分别为71%、88%、42%。其中，辽宁省与吉林省的扩张水平均在70%以上，黑龙江省的扩张水平略低，为42%。

5.2.2 基于城市建设用地空间扩张的识别

从城市建设用地面积的变化情况来看，东北地区34个城市2005—2020年各年的平均城市建设用地面积分别为91平方千米、118平方千米、139平方千米、150平方千米，呈现逐步上升的变化趋势。15年间，34个城市的总体平均城市建设用地面积为125平方千米，见表5-5。

从城市建设用地的扩张情况来看，东北地区34个城市总体上在2005—2020年一直处于扩张态势，3个时段的扩张水平分别为27.54%、17.20%、12.38%，呈现逐步放缓的变化趋势，15年间平均扩张水平为65.86%。鹤岗市、伊春市、七台河市3个城市的城市建设用地面积在2005—2020年呈现收缩状态，收缩水平分别为28.99%、34.90%、45.36%，其他城市的城市建设用地面积在2005—2020年均呈现扩张状态。

2005—2020年，牡丹江市的城市建设用地面积扩张了455.10%；沈阳市、丹东市、盘锦市、朝阳市、葫芦岛市、长春市6个城市的城市建设用地面积分别扩张了103.23%、116.98%、111.11%、160.87%、106.90%、143.30%，扩张水平均在100%以上。由此可见，东北地区有7个城市的城市建设用地扩张水平在100%以上，占城市总量的21%。

表5-5 **基于城市建设用地面积的空间扩张识别**

序号	城市	城市建设用地面积（平方千米）					城市建设用地面积增长率（%）				扩张速度排序
		2005年	2010年	2015年	2020年	均值	2005—2010年	2010—2015年	2015—2020年	2005—2020年	
1	沈阳市	310	412	550	630	476	32.90	33.50	14.55	103.23	7
2	大连市	230	406	383	421	360	76.52	-5.67	9.92	83.04	10
3	鞍山市	136	158	171	180	161	16.18	8.23	5.26	32.35	25
4	抚顺市	120	130	138	142	133	8.33	6.15	2.90	18.33	26
5	本溪市	56	70	92	92	78	25.00	31.43	0.00	64.29	14
6	丹东市	53	53	84	115	76	0.00	58.49	36.90	116.98	4
7	锦州市	62	71	107	107	87	14.52	50.70	0.00	72.58	11
8	营口市	93	99	110	173	119	6.45	11.11	57.27	86.02	9
9	阜新市	49	71	160	77	89	44.90	125.35	-51.88	57.14	18
10	辽阳市	73	98	105	107	96	34.25	7.14	1.90	46.58	21
11	盘锦市	54	61	86	114	79	12.96	40.98	32.56	111.11	5

续表

序号	城市	城市建设用地面积（平方千米）					城市建设用地面积增长率（%）				扩张速度排序
		2005年	2010年	2015年	2020年	均值	2005—2010年	2010—2015年	2015—2020年	2005—2020年	
12	铁岭市	41	44	43	68	49	7.32	−2.27	58.14	65.85	13
13	朝阳市	23	55	57	60	49	139.13	3.64	5.26	160.87	2
14	葫芦岛市	58	75	81	120	84	29.31	8.00	48.15	106.90	6
15	长春市	224	388	471	545	407	73.21	21.39	15.71	143.30	3
16	吉林市	121	158	251	193	181	30.58	58.86	−23.11	59.50	17
17	四平市	38	49	60	62	52	28.95	22.45	3.33	63.16	15
18	辽源市	40	46	46	46	45	15.00	0.00	0.00	15.00	15
19	通化市	38	45	53	58	49	18.42	17.78	9.43	52.63	20
20	白山市	25	34	42	43	36	36.00	23.53	2.38	72.00	12
21	松原市	36	43	50	51	45	19.44	16.28	2.00	41.67	22
22	白城市	34	34	43	47	40	0.00	26.47	9.30	38.24	24
23	哈尔滨市	318	359	428	443	387	12.89	19.22	3.50	39.31	23

续表

序号	城市	城市建设用地面积（平方千米）					城市建设用地面积增长率（%）				扩张速度排序
		2005年	2010年	2015年	2020年	均值	2005—2010年	2010—2015年	2015—2020年	2005—2020年	
24	齐齐哈尔市	113	120	140	131	126	6.19	16.67	-6.43	15.93	16
25	鸡西市	73	97	79	80	82	32.88	-18.56	1.27	9.59	29
26	鹤岗市	69	71	53	49	61	2.90	-25.35	-7.55	-28.99	32
27	双鸭山市	55	55	57	58	56	0.00	3.64	1.75	5.45	30
28	大庆市	170	278	320	325	273	63.53	15.11	1.56	91.18	8
29	伊春市	149	156	161	97	141	4.70	3.21	-39.75	-34.90	33
30	佳木斯市	58	94	83	90	81	62.07	-11.70	8.43	55.17	19
31	七台河市	97	62	68	53	70	-36.08	9.68	-22.06	-45.36	34
32	牡丹江市	49	75	82	272	120	53.06	9.33	231.71	455.10	1
33	黑河市	19	28	28	20	24	47.37	0.00	-28.57	5.26	31
34	绥化市	23	27	27	37	29	17.39	0.00	37.04	60.87	16
均值		91	118	139	150	125	27.54	17.20	12.38	65.86	

从城市建设用地的视角来看，东北地区在2005—2020年总体的扩张城市数量占所有城市的91%，15年间总体上有31个城市处于扩张状态。其中，辽宁省、吉林省、黑龙江省分别有14个、8个、9个城市处于扩张状态，占比分别为100%、100%、75%，扩张水平均在70%以上。辽宁省与吉林省的全部城市均呈扩张状态，东北地区城市扩张状态极度明显，见表5-6。

表5-6　基于城市建设用地的东北地区2005—2020年城市扩张情况

时间	省	扩张城市	城市数量	扩张数量	比例（%）	省域扩张比例（%）
2005—2010年	辽宁省	沈阳市、大连市、鞍山市、抚顺市、本溪市、锦州市、营口市、阜新市、辽阳市、盘锦市、铁岭市、朝阳市、葫芦岛市	14	13	93	88
	吉林省	长春市、吉林市、四平市、辽源市、通化市、白山市、松原市	8	7	88	
	黑龙江省	哈尔滨市、齐齐哈尔市、鸡西市、鹤岗市、大庆市、伊春市、佳木斯市、牡丹江市、黑河市、绥化市	12	10	83	
2010—2015年	辽宁省	沈阳市、鞍山市、抚顺市、本溪市、丹东市、锦州市、营口市、阜新市、辽阳市、盘锦市、朝阳市、葫芦岛市	14	12	86	76
	吉林省	长春市、吉林市、四平市、通化市、白山市、松原市、白城市	8	7	88	
	黑龙江省	哈尔滨市、齐齐哈尔市、双鸭山市、大庆市、伊春市、七台河市、牡丹江市	12	7	58	

续表

时间	省	扩张城市	城市数量	扩张数量	比例（%）	省域扩张比例（%）
2015—2020年	辽宁省	沈阳市、大连市、鞍山市、抚顺市、丹东市、营口市、辽阳市、盘锦市、铁岭市、朝阳市、葫芦岛市	14	11	79	71
	吉林省	长春市、四平市、通化市、白山市、松原市、白城市	8	6	75	
	黑龙江省	哈尔滨市、鸡西市、双鸭山市、大庆市、佳木斯市、牡丹江市、绥化市	12	7	58	
2005—2020年	辽宁省	沈阳市、大连市、鞍山市、抚顺市、本溪市、丹东市、锦州市、营口市、阜新市、辽阳市、盘锦市、铁岭市、朝阳市、葫芦岛市	14	14	100	91
	吉林省	长春市、吉林市、四平市、辽源市、通化市、白山市、松原市、白城市	8	8	100	
	黑龙江省	哈尔滨市、齐齐哈尔市、鸡西市、双鸭山市、大庆市、佳木斯市、牡丹江市、黑河市、绥化市	12	9	75	

在2005—2010年、2010—2015年、2015—2020年3个时段，总体扩张城市比例分别为88%、76%、71%。其中，在2005—2010年扩张城市的数量最多，达到了30个城市，其他时段的扩张水平均在70%以上。

2005—2010年，辽宁省、吉林省、黑龙江省分别有13个、7个、10个城市处于扩张状态，占比分别为93%、88%、83%。3个省份的扩张水平均在80%以上。

2010—2015年，辽宁省、吉林省、黑龙江省分别有12个、7个、7个城市处于扩张状态，占比分别为86%、88%、58%。三个省份的扩张水平均在50%以上。

2015—2020年，辽宁省、吉林省、黑龙江省分别有11个、6个、7个城市处于扩张状态，占比分别为79%、75%、58%。其中，辽宁省与吉林省的扩张水平均在70%以上，黑龙江省的扩张水平略低，为58%。

5.2.3 基于居住用地空间扩张的识别

从居住用地面积的变化情况来看，东北地区34个城市2010—2020年各年的平均居住用地面积分别为39平方千米、44平方千米、47平方千米，呈现逐步上升的变化趋势。10年间，34个城市的总体平均居住用地面积为43平方千米，见表5-7。

表5-7 基于居住用地面积的空间扩张识别

序号	城市	居住用地面积（平方千米）				居住用地面积增长率（%）			扩张速度排序
		2010年	2015年	2020年	均值	2010—2015年	2015—2020年	2010—2020年	
1	沈阳市	133	165	186	161	24.06	12.73	39.85	9
2	大连市	120	109	120	116	-9.17	10.09	0.00	24
3	鞍山市	39	59	61	53	51.28	3.39	56.41	6
4	抚顺市	32	35	35	34	9.38	0.00	9.38	20
5	本溪市	24	28	28	27	16.67	0.00	16.67	16
6	丹东市	18	26	33	26	41.67	29.41	83.33	4
7	锦州市	34	42	42	39	23.53	0.00	23.53	12
8	营口市	31	33	38	34	6.45	15.15	22.58	13
9	阜新市	26	43	21	30	65.38	-51.16	-19.23	31

续表

序号	城市	居住用地面积（平方千米）				居住用地面积增长率（%）			扩张速度排序
		2010年	2015年	2020年	均值	2010—2015年	2015—2020年	2010—2020年	
10	辽阳市	35	37	38	37	5.71	2.70	8.57	21
11	盘锦市	24	27	28	26	12.50	3.70	16.67	17
12	铁岭市	16	18	27	20	12.50	50.00	68.75	5
13	朝阳市	21	18	18	19	-14.29	0.00	-14.29	29
14	葫芦岛市	19	24	46	30	26.32	91.67	142.11	1
15	长春市	111	144	160	138	29.73	11.11	44.14	7
16	吉林市	42	58	60	53	38.10	3.45	42.86	8
17	四平市	22	23	22	22	4.55	-4.35	0.00	25
18	辽源市	28	28	28	28	0.00	0.00	0.00	26
19	通化市	17	18	18	18	5.88	0.00	5.88	23
20	白山市	16	20	19	18	25.00	-5.00	18.75	15
21	松原市	15	16	17	16	6.67	6.25	13.33	19
22	白城市	10	12	12	11	20.00	0.00	20.00	14
23	哈尔滨市	108	133	144	128	23.15	8.27	33.33	10
24	齐齐哈尔市	44	44	43	44	0.00	-2.27	-2.27	28
25	鸡西市	48	48	48	48	0.00	0.00	0.00	27
26	鹤岗市	39	19	17	25	-51.28	-10.53	-56.41	34
27	双鸭山市	30	30	16	25	0.00	-46.67	-46.67	33
28	大庆市	67	73	78	73	8.21	7.59	16.42	18

续表

序号	城市	居住用地面积（平方千米）				居住用地面积增长率（%）			扩张速度排序
		2010年	2015年	2020年	均值	2010—2015年	2015—2020年	2010—2020年	
29	伊春市	62	65	40	56	4.84	-38.46	-35.48	32
30	佳木斯市	24	27	30	27	12.50	11.11	25.00	11
31	七台河市	22	41	42	35	86.36	2.44	90.91	3
32	牡丹江市	30	33	60	41	10.00	81.82	100.00	2
33	黑河市	7	6	6	6	-14.29	0.00	-14.29	30
34	绥化市	11	11	12	11	0.00	9.09	9.09	22
均值		39	44	47	43	14.16	5.93	21.14	

从居住用地的扩张情况来看，东北地区34个城市总体上在2010—2020年一直处于扩张态势，2个时段的扩张水平分别为14.16%、5.93%，呈现逐步放缓的变化趋势，10年间平均扩张水平为21.14%。阜新市、朝阳市、齐齐哈尔市、鹤岗市、双鸭山市、伊春市、黑河市7个城市的居住用地面积在2010—2020年均呈现收缩状态，大连市、四平市、辽源市、鸡西市4个城市的居住用地面积在2010—2020年均呈现零扩张状态，其他城市的居住用地面积在2010—2020年均呈现扩张状态。

2010—2020年，葫芦岛市的居住用地面积扩张了142.11%，牡丹江市的居住用地面积扩张了100%，丹东市、铁岭市、七台河市3个城市的居住用地面积的扩张水平均在60%以上，其他城市的扩张水平均在50%以下。

从居住用地的视角来看，东北地区在2010—2020年总体的扩张城市数量占所有城市的68%，即10年间总体上有23个城市处于扩张状态。其中，辽宁省、吉林省、黑龙江省分别有11个、6个、6个城市处于扩张状态，占比分别为79%、75%、50%，扩张水平均在50%以上。辽宁省与吉林省的扩张水平在70%以上，东北地区城市扩张状态较为明显，见表5-8。

表5-8　**基于居住用地的东北地区2010—2020年城市扩张情况**

时间	省	扩张城市	城市数量	扩张数量	比例（%）	省域扩张比例（%）
2010—2015年	辽宁省	沈阳市、鞍山市、抚顺市、本溪市、丹东市、锦州市、营口市、阜新市、辽阳市、盘锦市、铁岭市、葫芦岛市	14	12	86	74
	吉林省	长春市、吉林市、四平市、通化市、白山市、松原市、白城市	8	7	88	
	黑龙江省	哈尔滨市、大庆市、伊春市、佳木斯市、七台河市、牡丹江市	12	6	50	
2015—2020年	辽宁省	沈阳市、大连市、鞍山市、丹东市、营口市、辽阳市、盘锦市、铁岭市、葫芦岛市	14	9	64	53
	吉林省	长春市、吉林市、松原市	8	3	38	
	黑龙江省	哈尔滨市、大庆市、佳木斯市、七台河市、牡丹江市、绥化市	12	6	50	
2010—2020年	辽宁省	沈阳市、鞍山市、抚顺市、本溪市、丹东市、锦州市、营口市、辽阳市、盘锦市、铁岭市、葫芦岛市	14	11	79	68
	吉林省	长春市、吉林市、通化市、白山市、松原市、白城市	8	6	75	
	黑龙江省	哈尔滨市、大庆市、佳木斯市、七台河市、牡丹江市、绥化市	12	6	50	

在2010—2015年、2015—2020年2个时段，总体扩张城市比例分

别为74%、53%。其中，在2010—2015年扩张城市的数量最多，达到了25个城市。

2010—2015年，辽宁省、吉林省、黑龙江省分别有12个、7个、6个城市处于扩张状态，占比分别为86%、88%、50%。其中，辽宁省与吉林省的扩张水平均在80%以上，黑龙江省的扩张水平略低，为50%。

2015—2020年，辽宁省、吉林省、黑龙江省分别有9个、3个、6个城市处于扩张状态，占比分别为64%、38%、50%。其中，辽宁省与黑龙江省的扩张水平均在50%以上，吉林省的扩张水平略低，为38%。

5.2.4 基于绿地空间扩张的识别

从绿地面积的变化情况来看，东北地区的34个城市1995—2020年各年的平均绿地面积分别为2 508公顷、2 917公顷、3 849公顷、5 135公顷、6 052公顷、7 170公顷，呈现逐步上升的变化趋势。25年间，34个城市的总体平均绿地面积为4 633公顷，见表5-9。

从绿地空间的扩张情况来看，东北地区34个城市总体上在1995—2020年一直处于扩张态势，5个时段的扩张水平分别为44.42%、34.83%、41.76%、29.64%、38.02%，呈现波动变化趋势，但各个时期的扩张速度均相对较快，25年间平均扩张水平为331.70%，扩张速度如此之快的主要原因是四平市、白山市呈现了超常规的扩张速度。牡丹江市的绿地面积在1995—2020年呈现了收缩状态，为8.08%，其他城市的绿地面积在1995—2020年均呈现扩张状态。

1995—2020年，白山市、四平市2个城市的绿地面积分别扩张了2 193.67%、1 710.26%，属于超常规急速扩张；营口市、盘锦市、铁岭市、长春市、黑河市5个城市的绿地面积扩张水平均高于500%；本溪市、葫芦岛市、通化市、松原市、哈尔滨市、七台河市6个城市的绿地面积扩张水平均高于300%；大连市、鞍山市、锦州市、阜新市、辽阳市、辽源市、白城市、鹤岗市、大庆市、佳木斯市、绥化市11个城市的绿地面积扩张水平均高于100%。由此可见，东北地区有24个城市的绿地面积扩张水平在100%以上，占城市总量的72%，扩张范围与扩张空间均极度明显。

表5-9 基于绿地面积的空间扩张识别

序号	城市	绿地面积（公顷）							绿地面积增长率（%）						扩张速度排序
		1995年	2000年	2005年	2010年	2015年	2020年	均值	1995—2000年	2000—2005年	2005—2010年	2010—2015年	2015—2020年	1995—2020年	
1	沈阳市	18 210	20 100	20 604	25 994	25 016	24 037	22 327	10.38	2.51	26.16	-3.76	-3.91	32.00	32
2	大连市	7 898	10 315	11 253	18 153	18 378	19 552	14 258	30.60	9.09	61.32	1.24	6.39	147.56	19
3	鞍山市	2 925	4 124	4 847	5 997	6 741	7 062	5 283	40.99	17.53	23.73	12.41	4.76	141.44	21
4	抚顺市	3 201	3 595	3 992	6 164	5 162	5 552	4 611	12.31	11.04	54.41	-16.26	7.56	73.45	26
5	本溪市	4 234	4 098	4 342	4 847	23 191	23 246	10 660	-3.21	5.95	11.63	378.46	0.24	449.03	8
6	丹东市	1 747	1 655	1 833	2 002	3 001	2 931	2 195	-5.27	10.76	9.22	49.90	-2.33	67.77	27
7	锦州市	1 851	2 466	2 678	2 647	4 413	3 958	3 002	33.23	8.60	-1.16	66.72	-10.31	113.83	24
8	营口市	946	1 222	2 719	3 810	4 146	6 848	3 282	29.18	122.50	40.13	8.82	65.17	623.89	4
9	阜新市	1 265	1 489	1 928	2 799	3 159	3 311	2 325	17.71	29.48	45.18	12.86	4.81	161.74	16
10	辽阳市	1 902	2 238	2 617	3 535	4 169	4 301	3 127	17.67	16.93	35.08	17.93	3.17	126.13	22
11	盘锦市	643	1 080	1 799	2 087	2 831	4 259	2 117	67.96	66.57	16.01	35.65	50.44	562.36	5

续表

序号	城市	绿地面积（公顷）							绿地面积增长率（%）						扩张速度排序
		1995年	2000年	2005年	2010年	2015年	2020年	均值	1995—2000年	2000—2005年	2005—2010年	2010—2015年	2015—2020年	1995—2020年	
12	铁岭市	421	1 503	1 568	1 542	2 070	2 609	1 619	257.01	4.32	−1.66	34.24	26.04	519.71	7
13	朝阳市	1 262	1 259	2 041	922	1 406	1 994	1 481	−0.24	62.11	−54.83	52.49	41.82	58.00	30
14	葫芦岛市	780	1 208	2 618	2 807	3 177	3 491	2 347	54.87	116.72	7.22	13.18	9.88	347.56	10
15	长春市	5 085	5 180	7 863	13 459	18 079	46 057	15 954	1.87	51.80	71.17	34.33	154.75	805.74	3
16	吉林市	4 647	4 790	6 811	6 506	7 311	7 456	6 254	3.08	42.19	−4.48	12.37	1.98	60.45	29
17	四平市	117	786	783	1 604	1 801	2 118	1 202	571.79	−0.38	104.85	12.28	17.60	1 710.26	2
18	辽源市	627	687	840	1 626	1 816	1 711	1 218	9.57	22.27	93.57	11.69	−5.78	172.89	15
19	通化市	480	991	1 117	1 484	1 871	2 002	1 324	106.46	12.71	32.86	26.08	7.00	317.08	13
20	白山市	490	452	501	985	1 079	11 239	2 458	−7.76	10.84	96.61	9.54	941.61	2 193.67	1
21	松原市	527	710	1 161	1 541	2 066	2 342	1 391	34.72	63.52	32.73	34.07	13.36	344.40	11
22	白城市	631	738	637	1 114	1 260	1 539	987	16.96	−13.69	74.88	13.11	22.14	143.90	20
23	哈尔滨市	3 667	5 056	7 468	12 805	13 514	15 356	9 644	37.88	47.71	71.46	5.54	13.63	318.76	12

续表

序号	城市	绿地面积（公顷）							绿地面积增长率（%）						扩张速度排序
		1995年	2000年	2005年	2010年	2015年	2020年	均值	1995—2000年	2000—2005年	2005—2010年	2010—2015年	2015—2020年	1995—2020年	
24	齐齐哈尔市	4 171	4 155	6 601	4 880	6 097	4 581	5 081	-0.38	58.87	-26.07	24.94	-24.86	9.83	33
25	鸡西市	1 446	1 688	2 234	2 480	2 808	2 813	2 245	16.74	32.35	11.01	13.23	0.18	94.54	25
26	鹤岗市	1 168	1 537	1 622	2 358	2 897	3 382	2 161	31.59	5.53	45.38	22.86	16.74	189.55	14
27	双鸭山市	1 515	1 554	1 639	2 189	2 318	2 382	1 933	2.57	5.47	33.56	5.89	2.76	57.23	31
28	大庆市	4 209	5 391	13 121	20 535	22 410	10 467	12 689	28.08	143.39	56.50	9.13	-53.29	148.68	18
29	伊春市	4 036	3 164	3 639	5 211	5 863	6 514	4 738	-21.61	15.01	43.20	12.50	11.11	61.40	28
30	佳木斯市	1 662	1 952	2 222	3 618	3 878	3 732	2 844	17.45	13.83	62.83	7.19	-3.76	124.55	23
31	七台河市	560	593	853	2 546	2 679	2 780	1 669	5.89	43.84	198.48	5.22	3.77	396.43	9
32	牡丹江市	2 377	2 602	6 092	5 084	5 155	2 185	3 916	9.47	134.13	-16.55	1.40	-57.61	-8.08	34
33	黑河市	120	180	195	466	719	780	410	50.00	8.33	138.97	54.29	8.48	550.00	6
34	绥化市	454	603	617	780	1 000	1 190	774	32.82	2.32	26.42	28.21	19.00	162.11	17
均值		2 508	2 917	3 849	5 135	6 052	7 170	4 633	44.42	34.83	41.76	29.64	38.02	331.70	

从绿地面积的视角来看，东北地区在1995—2020年总体的扩张城市数量占所有城市的97%，即25年间总体上有33个城市处于扩张状态。其中，辽宁省、吉林省、黑龙江省分别有14个、8个、11个城市处于扩张状态，占比分别为100%、100%、92%，扩张水平均在90%以上，辽宁省与吉林省的全部城市均呈现扩张状态，东北地区城市扩张状态极度明显，见表5-10。

表5-10　基于绿地面积的东北地区1995—2020年城市扩张情况

时间	省	扩张城市	城市数量	扩张数量	比例（%）	省域扩张比例（%）
1995—2000年	辽宁省	沈阳市、大连市、鞍山市、抚顺市、锦州市、营口市、阜新市、辽阳市、盘锦市、铁岭市、葫芦岛市	14	11	79	82
	吉林省	长春市、吉林市、四平市、辽源市、通化市、松原市、白城市	8	7	88	
	黑龙江省	哈尔滨市、鸡西市、鹤岗市、双鸭山市、大庆市、佳木斯市、七台河市、牡丹江市、黑河市、绥化市	12	10	83	
2000—2005年	辽宁省	沈阳市、大连市、鞍山市、抚顺市、本溪市、丹东市、锦州市、营口市、阜新市、辽阳市、盘锦市、铁岭市、朝阳市、葫芦岛市	14	14	100	94
	吉林省	长春市、吉林市、辽源市、通化市、白山市、松原市	8	6	75	
	黑龙江省	哈尔滨市、齐齐哈尔市、鸡西市、鹤岗市、双鸭山市、大庆市、伊春市、佳木斯市、七台河市、牡丹江市、黑河市、绥化市	12	12	100	

续表

时间	省	扩张城市	城市数量	扩张数量	比例（%）	省域扩张比例（%）
2005—2010年	辽宁省	沈阳市、大连市、鞍山市、抚顺市、本溪市、丹东市、营口市、阜新市、辽阳市、盘锦市、葫芦岛市	14	11	79	82
	吉林省	长春市、四平市、辽源市、通化市、白山市、松原市、白城市	8	7	88	
	黑龙江省	哈尔滨市、鸡西市、鹤岗市、双鸭山市、大庆市、伊春市、佳木斯市、七台河市、黑河市、绥化市	12	10	83	
2010—2015年	辽宁省	大连市、鞍山市、本溪市、丹东市、锦州市、营口市、阜新市、辽阳市、盘锦市、铁岭市、朝阳市、葫芦岛市	14	12	86	94
	吉林省	长春市、吉林市、四平市、辽源市、通化市、白山市、松原市、白城市	8	8	100	
	黑龙江省	哈尔滨市、齐齐哈尔市、鸡西市、鹤岗市、双鸭山市、大庆市、伊春市、佳木斯市、七台河市、牡丹江市、黑河市、绥化市	12	12	100	
2015—2020年	辽宁省	大连市、鞍山市、抚顺市、营口市、阜新市、辽阳市、盘锦市、铁岭市、朝阳市、葫芦岛市	14	10	71	71
	吉林省	长春市、吉林市、四平市、通化市、白山市、松原市、白城市	8	7	88	
	黑龙江省	哈尔滨市、鹤岗市、双鸭山市、伊春市、七台河市、黑河市、绥化市	12	7	58	

续表

时间	省	扩张城市	城市数量	扩张数量	比例（%）	省域扩张比例（%）
1995—2020年	辽宁省	沈阳市、大连市、鞍山市、抚顺市、本溪市、丹东市、锦州市、营口市、阜新市、辽阳市、盘锦市、铁岭市、朝阳市、葫芦岛市	14	14	100	97
	吉林省	长春市、吉林市、四平市、辽源市、通化市、白山市、松原市、白城市	8	8	100	
	黑龙江省	哈尔滨市、齐齐哈尔市、鸡西市、鹤岗市、双鸭山市、大庆市、伊春市、佳木斯市、七台河市、黑河市、绥化市	12	11	92	

在1995—2000年、2000—2005年、2005—2010年、2010—2015年、2015—2020年5个时段，总体扩张城市比例分别为82%、94%、82%、94%、71%。其中，在2000—2005年、2010—2015年2个时段扩张城市的数量最多，均达到了32个城市，其他时段的扩张水平均在70%以上。

1995—2000年，辽宁省、吉林省、黑龙江省分别有11个、7个、10个城市处于扩张状态，占比分别为79%、88%、83%。其中，吉林省与黑龙江省的扩张水平均在80%以上。

2000—2005年，辽宁省、吉林省、黑龙江省分别有14个、6个、12个城市处于扩张状态，占比分别为100%、75%、100%。其中，辽宁省与黑龙江省的全部城市均呈现扩张状态。

2005—2010年，辽宁省、吉林省、黑龙江省分别有11个、7个、10个城市处于扩张状态，占比分别为79%、88%、83%。其中，吉林省与黑龙江省的扩张水平均在80%以上。

2010—2015年，辽宁省、吉林省、黑龙江省分别有12个、8个、12个城市处于扩张状态，占比分别为86%、100%、100%。其中，吉林省与黑龙江省的全部城市均呈现扩张状态。

2015—2020年，辽宁省、吉林省、黑龙江省分别有10个、7个、7个城市处于扩张状态，占比分别为71%、88%、58%。其中，辽宁省与吉林省的扩张水平均在70%以上，黑龙江省的扩张水平略低，为58%。

5.2.5 基于建成区绿化覆盖空间扩张的识别

从建成区绿化覆盖面积的变化情况来看，东北地区34个城市1995—2020年各年的平均建成区绿化覆盖面积分别为1 986公顷、2 430公顷、3 344公顷、4 563公顷、5 204公顷、5 784公顷，呈现逐步上升的变化趋势，见表5-11。25年间，34个城市的总体平均建成区绿化覆盖面积为3 885公顷。

从建成区绿化覆盖的扩张情况来看，东北地区34个城市总体上在1995—2020年一直处于扩张态势，5个时段的扩张水平分别为46.09%、34.71%、42.54%、17.09%、12.66%，呈现波动下降趋势，25年间平均扩张水平为256%，扩张速度如此之快的主要原因是铁岭市出现了急速扩张。牡丹江市的建成区绿化覆盖面积在1995—2020年呈现了收缩状态，为5.98%，其他城市的建成区绿化覆盖面积在1995—2020年均呈现扩张状态。

1995—2020年，铁岭市的建成区绿化覆盖面积扩张了1 435.59%，属于超常规极速扩张；营口市、盘锦市、长春市、鹤岗市、七台河市、黑河市6个城市的扩张水平均高于400%；沈阳市、朝阳市、葫芦岛市、四平市、通化市、白山市、松原市、哈尔滨市、大庆市9个城市的扩张水平均高于200%；大连市、鞍山市、丹东市、阜新市、辽阳市、吉林市、辽源市、白城市、齐齐哈尔市、鸡西市、佳木斯市、绥化市12个城市的扩张水平均高于100%。由此可见，东北地区有28个城市的建成区绿化覆盖面积的扩张水平在100%以上，占城市总量的82%，扩张范围与扩张空间极度明显。

表5-11 **基于建成区绿化覆盖面积的空间扩张识别**

序号	城市	建成区绿化覆盖面积（公顷）							建成区绿化覆盖面积（%）						扩张速度排序
		1995年	2000年	2005年	2010年	2015年	2020年	均值	1995—2000年	2000—2005年	2005—2010年	2010—2015年	2015—2020年	1995—2020年	
1	沈阳市	4 724	5 186	12 602	17 309	20 227	23 145	13 866	9.78	143.00	37.35	16.86	14.43	389.94	8
2	大连市	8 044	9 477	10 607	17 618	17 770	20 131	13 941	17.81	11.92	66.10	0.86	13.29	150.26	21
3	鞍山市	3 111	4 290	4 949	6 097	6 844	7 373	5 444	37.90	15.36	23.20	12.25	7.73	137.00	23
4	抚顺市	3 311	3 709	4 375	5 148	6 195	6 504	4 874	12.02	17.96	17.67	20.34	4.99	96.44	29
5	本溪市	4 278	4 250	4 495	5 001	5 274	5 443	4 790	-0.65	5.76	11.26	5.46	3.20	27.23	33
6	丹东市	1 302	1 710	1 893	2 018	2 908	3 075	2 151	31.34	10.70	6.60	44.10	5.74	136.18	24
7	锦州市	1 981	2 214	2 286	2 788	3 246	3 021	2 589	11.76	3.25	21.96	16.43	-6.93	52.50	31
8	营口市	1 234	1 310	3 171	4 117	4 386	7 213	3 572	6.16	142.06	29.83	6.53	64.46	484.52	3
9	阜新市	1 362	1 681	2 123	3 098	3 312	3 345	2 487	23.42	26.29	45.93	6.91	1.00	145.59	22
10	辽阳市	2 153	2 493	2 876	3 809	4 410	4 597	3 390	15.79	15.36	32.44	15.78	4.24	113.52	28
11	盘锦市	905	1 191	1 995	2 343	3 051	4 677	2 360	31.60	67.51	17.44	30.22	53.29	416.80	5

续表

序号	城市	建成区绿化覆盖面积（公顷）							建成区绿化覆盖面积（%）						扩张速度排序
		1995年	2000年	2005年	2010年	2015年	2020年	均值	1995—2000年	2000—2005年	2005—2010年	2010—2015年	2015—2020年	1995—2020年	
12	铁岭市	177	1 134	1 452	1 726	2 245	2 718	1 575	540.68	28.04	18.87	30.07	21.07	1 435.59	1
13	朝阳市	651	667	760	922	1 546	2 103	1 108	2.46	13.94	21.32	67.68	36.03	223.04	15
14	葫芦岛市	1 029	1 642	2 700	2 878	3 199	3 581	2 505	59.57	64.43	6.59	11.15	11.94	248.01	13
15	长春市	4 600	6 058	9 577	15 618	19 624	23 037	13 086	31.70	58.09	63.08	25.65	17.39	400.80	7
16	吉林市	3 349	3 891	6 792	7 572	8 088	8 492	6 364	16.18	74.56	11.48	6.81	5.00	153.57	20
17	四平市	621	726	726	1 615	1 827	2 457	1 329	16.91	0.00	122.45	13.13	34.48	295.65	10
18	辽源市	650	708	860	1 626	1 854	1 750	1 241	8.92	21.47	89.07	14.02	−5.61	169.23	19
19	通化市	494	1 174	1 537	1 484	2 027	2 268	1 497	137.65	30.92	−3.45	36.59	11.89	359.11	9
20	白山市	500	467	520	1 195	1 283	1 668	939	−6.60	11.35	129.81	7.36	30.01	233.60	14
21	松原市	611	790	1 587	1 712	2 163	2 214	1 513	29.30	100.89	7.88	26.34	2.36	262.36	12
22	白城市	631	723	661	1 199	1 344	1 772	1 055	14.58	−8.58	81.39	12.09	31.85	180.82	18
23	哈尔滨市	4 321	5 947	8 303	13 787	14 987	16 186	10 588	37.63	39.62	66.05	8.70	8.00	274.59	11

续表

序号	城市	建成区绿化覆盖面积（公顷）							建成区绿化覆盖面积（%）						扩张速度排序
		1995年	2000年	2005年	2010年	2015年	2020年	均值	1995—2000年	2000—2005年	2005—2010年	2010—2015年	2015—2020年	1995—2020年	
24	齐齐哈尔市	2 244	2 235	4 936	4 084	5 391	5 307	4 033	−0.40	120.85	−17.26	32.00	−1.56	136.50	25
25	鸡西市	1 446	1 832	2 344	3 100	3 184	3 184	2 515	26.69	27.95	32.25	2.71	0.00	120.19	27
26	鹤岗市	441	1 618	1 736	1 823	2 253	2 353	1 704	266.89	7.29	5.01	23.59	4.44	433.56	4
27	双鸭山市	1 652	1 682	1 994	2 513	2 534	2 534	2 152	1.82	18.55	26.03	0.84	0.00	53.39	30
28	大庆市	3 537	4 304	5 283	8 201	11 172	11 065	7 260	21.69	22.75	55.23	36.23	−0.96	212.84	16
29	伊春市	2 767	3 207	3 605	4 187	3 962	3 737	3 578	15.90	12.41	16.14	−5.37	−5.68	35.06	32
30	佳木斯市	1 785	2 078	2 318	3 768	4 031	4 123	3 017	16.41	11.55	62.55	6.98	2.28	130.98	26
31	七台河市	616	622	916	2 224	2 968	3 129	1 746	0.97	47.27	142.79	33.45	5.42	407.95	6
32	牡丹江市	2 459	2 714	2 762	2 933	1 696	2 312	2 479	10.37	1.77	6.19	−42.18	36.32	−5.98	34
33	黑河市	124	191	210	519	811	862	453	54.03	9.95	147.14	56.26	6.29	595.16	2
34	绥化市	426	711	753	1 099	1 113	1 270	895	66.90	5.91	45.95	1.27	14.11	198.12	17
均值		1 986	2 430	3 344	4 563	5 204	5 784	3 885	46.09	34.71	42.54	17.09	12.66	256.00	

从建成区绿化覆盖的视角来看，东北地区在1995—2020年总体的扩张城市数量占所有城市的97%，即25年间总体上有33个城市处于扩张状态。其中，辽宁省、吉林省、黑龙江省分别有14个、8个、11个城市处于扩张状态，占比分别为100%、100%、92%，扩张水平均在90%以上，辽宁省与吉林省的全部城市均呈现扩张状态，东北地区城市扩张状态极度明显，见表5-12。

表5-12 **基于建成区绿化覆盖的东北地区1995—2020年城市扩张情况**

时间	省	扩张城市	城市数量	扩张数量	比例（%）	省域扩张比例（%）
1995—2000年	辽宁省	沈阳市、大连市、鞍山市、抚顺市、丹东市、锦州市、营口市、阜新市、辽阳市、盘锦市、铁岭市、朝阳市、葫芦岛市	14	13	93	91
	吉林省	长春市、吉林市、四平市、辽源市、通化市、松原市、白城市	8	7	88	
	黑龙江省	哈尔滨市、鸡西市、鹤岗市、双鸭山市、大庆市、伊春市、佳木斯市、七台河市、牡丹江市、黑河市、绥化市	12	11	92	
2000—2005年	辽宁省	沈阳市、大连市、鞍山市、抚顺市、本溪市、丹东市、锦州市、营口市、阜新市、辽阳市、盘锦市、铁岭市、朝阳市、葫芦岛市	14	14	100	94
	吉林省	长春市、吉林市、辽源市、通化市、白山市、松原市	8	6	75	
	黑龙江省	哈尔滨市、齐齐哈尔市、鸡西市、鹤岗市、双鸭山市、大庆市、伊春市、佳木斯市、七台河市、牡丹江市、黑河市、绥化市	12	12	100	

续表

时间	省	扩张城市	城市数量	扩张数量	比例（%）	省域扩张比例（%）
2005—2010年	辽宁省	沈阳市、大连市、鞍山市、抚顺市、本溪市、丹东市、锦州市、营口市、阜新市、辽阳市、盘锦市、铁岭市、朝阳市、葫芦岛市	14	14	100	94
	吉林省	长春市、吉林市、四平市、辽源市、白山市、松原市、白城市	8	7	88	
	黑龙江省	哈尔滨市、鸡西市、鹤岗市、双鸭山市、大庆市、伊春市、佳木斯市、七台河市、牡丹江市、黑河市、绥化市	12	11	92	
2010—2015年	辽宁省	沈阳市、大连市、鞍山市、抚顺市、本溪市、丹东市、锦州市、营口市、阜新市、辽阳市、盘锦市、铁岭市、朝阳市、葫芦岛市	14	14	100	94
	吉林省	长春市、吉林市、四平市、辽源市、通化市、白山市、松原市、白城市	8	8	100	
	黑龙江省	哈尔滨市、齐齐哈尔市、鸡西市、鹤岗市、双鸭山市、大庆市、佳木斯市、七台河市、黑河市、绥化市	12	10	83	

续表

时间	省	扩张城市	城市数量	扩张数量	比例（%）	省域扩张比例（%）
2015—2020年	辽宁省	沈阳市、大连市、鞍山市、抚顺市、本溪市、丹东市、营口市、阜新市、辽阳市、盘锦市、铁岭市、朝阳市、葫芦岛市	14	13	93	79
	吉林省	长春市、吉林市、四平市、通化市、白山市、松原市、白城市	8	7	88	
	黑龙江省	哈尔滨市、鹤岗市、佳木斯市、七台河市、牡丹江市、黑河市、绥化市	12	7	58	
1995—2020年	辽宁省	沈阳市、大连市、鞍山市、抚顺市、本溪市、丹东市、锦州市、营口市、阜新市、辽阳市、盘锦市、铁岭市、朝阳市、葫芦岛市	14	14	100	97
	吉林省	长春市、吉林市、四平市、辽源市、通化市、白山市、松原市、白城市	8	8	100	
	黑龙江省	哈尔滨市、齐齐哈尔市、鸡西市、鹤岗市、双鸭山市、大庆市、伊春市、佳木斯市、七台河市、黑河市、绥化市	12	11	92	

在1995—2000年、2000—2005年、2005—2010年、2010—2015年、2015—2020年5个时段，总体扩张城市比例分别为91%、94%、94%、94%、79%。其中，在2000—2005年、2005—2010年、2010—2015年3个时段扩张城市的数量最多，达到了32个城市，其他时段的扩张水平均在70%以上。

1995—2000年，辽宁省、吉林省、黑龙江省分别有13个、7个、11个城市处于扩张状态，占比分别为93%、88%、92%。其中，辽宁省与黑龙江省的扩张水平均在90%以上。

2000—2005年，辽宁省、吉林省、黑龙江省分别有14个、6个、12个城市处于扩张状态，占比分别为100%、75%、100%。其中，辽宁省与黑龙江省的全部城市均呈现扩张状态。

2005—2010年，辽宁省、吉林省、黑龙江省分别有14个、7个、11个城市处于扩张状态，占比分别为100%、88%、92%。其中，辽宁省的全部城市呈现扩张状态。

2010—2015年，辽宁省、吉林省、黑龙江省分别有14个、8个、10个城市处于扩张状态，占比分别为100%、100%、83%。其中，辽宁省与吉林省的全部城市均呈现扩张状态。

2015—2020年，辽宁省、吉林省、黑龙江省分别有13个、7个、7个城市处于扩张状态，占比分别为93%、88%、58%。其中，辽宁省与吉林省的扩张水平均在80%以上，黑龙江省的扩张水平略低，为58%。

5.3 本章小结

本章从城市建成区面积、城市建设用地面积、居住用地面积、绿地面积、建成区绿化覆盖面积5个方面对东北地区1995—2020年的城市空间扩张问题进行了识别，通过研究发现：

从城市建成区面积的变化情况来看，东北地区34个城市1995—2020年各年的平均城市建成区面积分别为72平方千米、81平方千米、96平方千米、117平方千米、134平方千米、145平方千米，呈现逐步上升的变化趋势。25年间，34个城市的总体平均城市建成区面积为107平方千米。从城市建成区的扩张情况来看，东北地区34个城市总体上在1995—2020年一直处于扩张态势，5个时段的扩张水平分别为13.35%、14.08%、18.75%、14.86%、8.16%，呈现先上升后下降的变化趋势，25年间平均扩张水平为91.80%。鹤岗市、双鸭山市、伊春市、黑河市4个城市的城市建成区面积在1995—2020年呈现收缩状态，收缩水平分别为3.45%、1.69%、29.20%、4.76%，其他城市的城市建成区面积在1995—2020年均呈现扩张状态。东北地区有13个城市的城市建成区扩张水平在100%以上，占城市总量的38%，扩张范围较大。东北地区在1995—2020年总体的扩张城市数量占所有城市的88%，即25年间总体上有30个城市处于扩张状态。其中，辽宁省、吉林省、黑龙江省分别有14个、8个、8个城市处于扩张状态，占比分别为100%、100%、67%，扩张水平均在60%以上，辽宁省与吉林省的全部城市均呈现扩张状态，东北地区城市扩张状态极度明显。在1995—2000年、2000—2005年、2005—2010年、2010—2015年、2015—2020年5个时段，总体扩张城市比例分别为79%、76%、74%、91%、65%。其中，在2010—2015年扩张城市的数量最多，达到了31个城市，其他时段的扩张水平均在65%以上。

从城市建设用地面积的变化情况来看，东北地区34个城市2005—2020年各年的平均城市建设用地面积分别为91平方千米、118平方千米、139平方千米、150平方千米，呈现逐步上升的变化趋势。15年间，34个城市的总体平均城市建设用地面积为125平方千米。从城市建设用地的扩张情况来看，东北地区34个城市总体上在2005—2020年一直处于扩张态势，3个时段的扩张水平分别为27.54%、17.20%、12.38%，呈现逐步放缓的变化趋势，15年间平均扩张水平为65.86%。鹤岗市、伊春市、七台河市3个城市的城市建设用地面积在2005—2020年呈现收缩状态，收缩水平分别为28.99%、34.90%、45.36%，其他城市的城市建设用地面积在2005—2020年均呈现扩张状态。东北地区有7个城市的城市建设用地扩张水平在100%以上，占城市总量的21%。东北地区2005—2020年总体的扩张城市数量占所有城市的91%，即15年间总体上有31个城市处于扩张状态。其中，辽宁省、吉林省、黑龙江省分别有14个、8个、9个城市处于扩张状态，占比分别为100%、100%、75%，扩张水平均在70%以上，辽宁省与吉林省的全部城市均呈现扩张状态，东北地区城市扩张状态极度明显。在2005—2010年、2010—2015年、2015—2020年3个时段，总体扩张城市比例分别为88%、76%、71%。其中，在2005—2010年扩张城市的数量最多，达到了30个城市，其他时段的扩张水平均在70%以上。

从居住用地面积的变化情况来看，东北地区34个城市2010—2020年各年的平均居住用地面积分别为39平方千米、44平方千米、47平方千米，呈现逐步上升的变化趋势。10年间，34个城市的总体平均居住用地面积为43平方千米。从居住用地的扩张情况来看，东北地区34个城市总体上在2010—2020年一直处于扩张态势，2个时段的扩张水平分别为14.16%、5.93%，呈现逐步放缓的变化趋势，10年间平均扩张水平为21.14%。阜新市、朝阳市、齐齐哈尔市、鹤岗市、双鸭山市、伊春市、黑河市7个城市的居住用地面积在2010—2020年均呈现收缩状态，大连市、四平市、辽源市、鸡西市4个城市的居住用地面积在2010—2020年均呈现零扩张状态，其他城市的居住用地面积在2010—2020年均呈现扩张状态。东北地区在2010—2020年总体的扩张城市数量占所有城市的68%，即10年间总体上有23个城市处于扩张状态。其中，辽宁省、吉林省、黑龙江省分别有11个、6个、6个城市处于扩张状态，占比分别为79%、75%、50%，扩张水平均在50%以上，辽宁省与吉林省的扩张水平在70%以上，东北地区城市扩张状态较为明显。在2010—2015年、2015—2020年2个时段，总体扩张城市比例分别为74%、53%。其中，在2010—2015年扩张城市的数量最多，达到了25个城市。

从绿地面积的变化情况来看，东北地区34个城市1995—2020年各年的平均绿地面积分别为2 508公顷、2 917公顷、3 849公顷、5 135公顷、6 052公顷、7 170公顷，呈现逐步上升的变化趋势。25年间，34个城市的总体平均绿地面积为4 633公顷。从绿地空间的扩张情况来看，东北地区34个城市总体上在1995—2020年一直处于扩张态势，5个时段的扩张水平分别为44.42%、34.83%、41.76%、29.64%、38.02%，呈现波动变化趋势，但各个时期的扩张速度均相对较快，25年间平均扩张水平为331.70%，扩张速度如此之快的主要原因是四平市、白山市呈现了超常规的扩张速度。牡丹江市的绿地面积在1995—2020年呈现了收缩状态，为8.08%，其他城市的绿地面积在1995—2020年均呈现扩张状态。东北地区有24个城市的绿地面积扩张水平在100%以上，占城市总量的72%，扩张范围与扩张空间均极度明显。东北地区在1995—

2020年总体的扩张城市数量占所有城市的97%，即25年间总体上有33个城市处于扩张状态。其中，辽宁省、吉林省、黑龙江省分别有14个、8个、11个城市处于扩张状态，占比分别为100%、100%、92%，扩张水平均在90%以上。其中，辽宁省与吉林省的全部城市均呈现扩张状态，东北地区城市扩张状态极度明显。在1995—2000年、2000—2005年、2005—2010年、2010—2015年、2015—2020年5个时段，总体扩张城市比例分别为82%、94%、82%、94%、71%。其中，在2000—2005年、2010—2015年2个时段扩张城市的数量最多，均达到了32个城市，其他时段的扩张水平均在70%以上。

从建成区绿化覆盖面积的变化情况来看，东北地区34个城市1995—2020年各年的平均建成区绿化覆盖面积分别为1 986公顷、2 430公顷、3 344公顷、4 563公顷、5 204公顷、5 784公顷，呈现逐步上升的变化趋势。25年间，34个城市的总体平均建成区绿化覆盖面积为3 885公顷。从建成区绿化覆盖的扩张情况来看，东北地区34个城市总体上在1995—2020年一直处于扩张态势，5个时段的扩张水平分别为46.09%、34.71%、42.54%、17.09%、12.66%，呈现波动下降趋势。25年间平均扩张水平为256%，扩张速度如此之快的主要原因是铁岭市出现了极速扩张。牡丹江市的建成区绿化覆盖面积在1995—2020年呈现收缩状态，为5.98%，其他城市的建成区绿化覆盖面积在1995—2020年均呈现扩张状态。东北地区有28个城市的建成区绿化覆盖面积的扩张水平在100%以上，占城市总量的82%，扩张范围与扩张空间极度明显。东北地区在1995—2020年总体的扩张城市数量占所有城市的97%，即25年间总体上有33个城市处于扩张状态。其中，辽宁省、吉林省、黑龙江省分别有14个、8个、11个城市处于扩张状态，占比为100%、100%、92%，扩张水平均在90%以上。其中，辽宁省与吉林省的全部城市均呈现扩张状态，东北地区城市扩张状态极度明显。在1995—2000年、2000—2005年、2005—2010年、2010—2015年、2015—2020年5个时段，总体扩张城市比例分别为91%、94%、94%、94%、79%。其中，在2000—2005年、2005—2010年、2010—2015年3个时段扩张城市的数量最多，均达到了32个城市，其他时段的扩张水平均在70%以上。

第6章　东北地区城市收缩与扩张的适配格局研究

城市人口的收缩在一定程度上减少了城市对于空间的需求。从理论上来讲，城市空间应该对一定的人口收缩予以响应，从实践的发展角度来看，人口收缩对城市空间的扩张应该起到一定的减缓作用。但是，东北地区的城市空间变化却不完全符合这个规律。一方面，大部分城市的人口由于经济、社会、就业等因素在外迁，导致城市收缩；另一方面，由于这些城市建设用地的增长导致了城市空间的进一步扩张，呈现了人口收缩与空间扩张的局面。据杨东峰等（2015）的研究发现，2000—2010年，我国180个收缩城市中有169个城市的建成区范围呈现了不同程度的扩张，表现出了人口收缩与空间扩张同时发生的城市收缩主流模式。

通过第4章与第5章的分析可以看出，东北地区的城市在1995—2000年的发展过程中出现了两种悖论现象，即城市的人口在收缩，但城市的空间却在扩张。人口的收缩并没有减缓城市空间扩张的速度，这种发展模式对于城市的可持续发展提出了挑战。那么，城市的人口收缩与空间扩张到底存在怎样的关系呢？为了弄清楚这个问题，本章将探讨城市的人口收缩与空间扩张的适配程度。我们在第4章中依据《中国城市统计年鉴1996—2021》中的数据对东北地区34个城市进行了人口收缩的分析，在第5章进行了城市建成区空间、城市建设用地空间、居住用地空间、绿地空间、建成区绿化覆盖空间的扩张分析，由于居住用地空间变化年份较短，本章主要分析城市人口收缩与城市建成区空间、城市建设用地空间、绿地空间、建成区绿化覆盖空间的扩张的适配程度。通过适配分析，厘清东北地区人口收缩与空间扩张的适配程度，为东北地区城市未来的发展提供理论依据。

6.1 人口收缩与城市建成区空间扩张的适配分析

通过整理东北地区34个城市的人口收缩与城市建成区空间扩张数据，我们得到表6-1。

由表6-1可以看出，东北地区34个城市在1995—2020年的发展中，人口收缩与城市建成区空间扩张呈现一种不完全匹配的现象，即在各个时段人口收缩的城市较多，但大部分城市的城市建成区空间并没有受到人口收缩的影响，依然在扩张。

1995—2020年34个城市在总体上处于人口收缩的状态，收缩水平为13.29%。城市建成区空间总体上处于扩张状态，扩张水平为91.80%。城市建成区空间与人口数量呈现不匹配现象，二者的适配程度很低。

鹤岗市、双鸭山市、伊春市与黑河市的城市建成区空间总体处于收缩状态，其收缩水平分别为3.45%、1.69%、29.20%、4.76%，4个城市的人口总体上也处于收缩状态，收缩水平分别为18.67%、18.46%、32.50%、25%，4个城市的人口与城市建成区空间均呈现收缩状态，城市建成区空间变化对人口收缩有一定的响应，但城市建成区空间收缩的速度明显低于人口收缩的速度，二者之间变化的适配程度较低。自2000年以来，鹤岗市一直处于人口收缩状态，城市建成区空间在1995—2010年处于无扩张-收缩-无扩张的状态，对人口收缩呈现部

表6-1 城市人口收缩与城市建成区空间扩张的适配分析

序号	城市	人口收缩（%）						城市建成区空间扩张（%）					
		1995—2000年	2000—2005年	2005—2010年	2010—2015年	2015—2020年	1995—2020年	1995—2000年	2000—2005年	2005—2010年	2010—2015年	2015—2020年	1995—2020年
1	沈阳市	2.72	1.89	2.97	2.53	24.12	37.16	16.67	42.86	32.90	12.86	21.94	204.84
2	大连市	3.29	2.51	3.56	1.29	19.28	32.47	7.34	5.98	57.26	1.54	12.12	103.67
3	鞍山市	2.48	1.08	1.06	-1.58	-4.28	-1.38	28.16	3.03	16.18	8.23	5.26	74.76
4	抚顺市	-3.83	-1.00	-1.51	-2.55	-13.61	-21.05	3.54	4.27	6.56	6.15	2.90	25.66
5	本溪市	1.08	-0.53	-1.08	-2.17	-12.78	-15.14	0.00	55.07	0.00	1.87	0.00	57.97
6	丹东市	-1.25	1.90	-1.86	-1.27	-8.33	-10.63	6.52	8.16	0.00	20.75	17.19	63.04
7	锦州市	1.71	0.67	4.35	-3.53	-10.63	-7.88	23.08	-3.13	14.52	23.94	-12.50	48.08
8	营口市	2.95	1.91	5.15	-1.11	-3.15	5.65	1.61	47.62	6.45	11.11	63.64	190.32
9	阜新市	1.65	0.54	0.00	-1.61	-13.11	-12.64	0.00	0.00	55.10	1.32	0.00	57.14
10	辽阳市	3.23	0.26	0.78	-3.36	-10.70	-9.97	2.70	9.21	18.07	7.14	1.90	44.59
11	盘锦市	5.63	3.00	4.21	-0.93	0.00	12.32	25.64	10.20	12.96	22.95	42.67	174.36
12	铁岭市	2.68	1.30	0.86	-1.70	-20.78	-18.30	16.13	13.89	7.32	13.64	40.00	125.81

续表

序号	城市	人口收缩（%）						城市建成区空间扩张（%）					
		1995—2000年	2000—2005年	2005—2010年	2010—2015年	2015—2020年	1995—2020年	1995—2000年	2000—2005年	2005—2010年	2010—2015年	2015—2020年	1995—2020年
13	朝阳市	1.80	1.18	0.00	0.58	-15.61	-12.57	22.73	7.41	82.76	41.51	-20.00	172.73
14	葫芦岛市	2.38	1.94	3.04	-0.74	-13.38	-7.54	14.89	14.81	20.97	22.67	1.09	97.87
15	长春市	-3.68	4.71	3.37	-0.54	20.22	24.65	28.23	45.28	70.56	28.43	8.89	344.35
16	吉林市	1.27	-0.63	1.27	-3.75	-14.94	-16.56	1.87	52.29	0.00	56.02	15.83	180.37
17	四平市	4.09	3.06	2.54	-6.20	-44.49	-42.73	18.75	2.63	30.77	13.73	13.79	106.25
18	辽源市	1.26	-0.83	0.42	-2.49	-17.02	-18.41	7.14	33.33	15.00	0.00	0.00	64.29
19	通化市	-0.67	0.68	-2.68	-2.07	-41.55	-44.30	62.50	15.38	-20.00	47.22	20.75	166.67
20	白山市	2.78	1.35	-1.33	-2.70	-25.00	-25.00	-14.81	13.04	53.85	17.50	17.02	103.70
21	松原市	11.11	1.54	4.55	-4.35	-18.94	-8.55	23.08	12.50	19.44	16.28	8.00	107.69
22	白城市	2.63	0.00	1.28	-3.80	-21.05	-21.05	33.33	18.75	0.00	13.16	9.30	95.83
23	哈尔滨市	-39.10	4.55	1.63	-3.21	4.42	-34.60	7.69	79.76	18.87	19.22	10.51	203.21
24	齐齐哈尔市	3.13	-0.76	2.29	-3.73	-26.36	-25.78	0.98	9.71	19.47	3.70	0.00	37.25

续表

序号	城市	人口收缩（%）						城市建成区空间扩张（%）					
		1995—2000年	2000—2005年	2005—2010年	2010—2015年	2015—2020年	1995—2020年	1995—2000年	2000—2005年	2005—2010年	2010—2015年	2015—2020年	1995—2020年
25	鸡西市	2.35	−2.30	−1.18	−3.57	−18.52	−22.35	14.06	0.00	8.22	2.53	−1.23	25.00
26	鹤岗市	1.33	−1.32	−1.33	−2.70	−15.28	−18.67	0.00	−25.86	0.00	23.26	5.66	−3.45
27	双鸭山市	3.08	0.00	−2.99	0.00	−18.46	−18.46	0.00	8.47	−7.81	−1.69	0.00	−1.69
28	大庆市	4.42	5.93	5.60	−1.52	0.77	15.93	5.93	18.88	21.76	18.36	2.04	85.19
29	伊春市	0.00	−2.50	0.00	−5.13	−27.03	−32.50	15.33	0.00	1.90	6.21	−43.27	−29.20
30	佳木斯市	2.82	2.74	4.00	−6.41	−9.59	−7.04	12.00	3.57	62.07	3.19	0.00	94.00
31	七台河市	6.11	2.16	4.93	−10.07	−17.16	−15.27	82.09	−20.49	−36.08	9.68	0.00	1.49
32	牡丹江市	−14.29	0.00	1.52	0.00	−11.94	−23.38	7.27	1.69	26.67	7.89	0.00	49.09
33	黑河市	4.17	0.00	−16.00	19.05	−28.00	−25.00	0.00	−9.52	0.00	0.00	5.26	−4.76
34	绥化市	−46.92	3.87	4.35	−6.55	−31.85	−63.36	−20.69	0.00	21.74	25.00	28.57	55.17
均值		−0.81	1.14	0.99	−1.94	−13.08	−13.29	13.35	14.08	18.75	14.86	8.16	91.80

分的响应。自2000年以来，双鸭山市人口处于无增长-收缩-无增长-收缩的变化趋势，城市建成区空间除在2000—2005年扩张外，其他时段均处于无增长或者收缩状态，对人口的收缩具有较好的响应。自1995年以来，伊春市人口均处于无增长或收缩状态，城市建成区空间在2000—2005年无扩张、在2015—2020年呈现巨幅收缩的状态，对人口的收缩有良好的响应。黑河市的城市建成区空间除在2015—2020年扩张外，其他时段均处于收缩或无扩张状态，对人口收缩有一定的响应。

沈阳市、大连市的人口与城市建成区空间均呈现增长与扩张的正向发展模式，但1995—2020年的人口增长速度明显低于城市建成区空间扩张速度，沈阳市与大连市的城市建成区空间扩张速度分别是人口增长速度的5.5倍与3.2倍，呈现空间扩张速度过快与人口的增长不协调的现象。抚顺市1995—2020年的人口一直处于收缩状态，但城市建成区空间却一直处于扩张状态，人口与空间变化严重不匹配。

锦州市、朝阳市、鸡西市在2015—2020年人口与城市建成区空间同时呈现收缩状态。其中，锦州市与朝阳市的城市建成区空间收缩水平高于人口收缩水平，城市建成区空间依据人口的变化进行了合理的规划安排。鸡西市的城市建成区空间收缩速度明显低于人口收缩速度。

本溪市、阜新市、齐齐哈尔市、双鸭山市、佳木斯市、七台河市、牡丹江市在2015—2020年的人口收缩水平分别为12.78%、13.11%、26.36%、18.46%、9.59%、17.16%、11.94%，其城市建成区空间均保持无扩张，对人口的收缩呈现一定的响应态势。

辽源市在2010—2015年、2015—2020年的人口收缩水平分别为2.49%、17.02%，其城市建成区空间无扩张，对人口的收缩呈现一定的响应态势。

通化市在2005—2010年的人口与城市建成区空间均呈现收缩状态，收缩水平分别为2.68%与20%，城市建成区空间收缩速度明显快于人口收缩速度，这一时段随着人口的收缩，空间扩张得到了有效的控制。

牡丹江市2015—2020年的人口收缩得到了城市建成区空间无扩张的响应，其他时段的城市建成区空间均呈现扩张状态，且城市建成区空间的总体扩张速度很快。

鞍山市、抚顺市、营口市、辽阳市、盘锦市、铁岭市、葫芦岛市、长春市、四平市、松原市、哈尔滨市、大庆市12个城市在1995—2020年均出现了不同程度的人口收缩问题，但12个城市的城市建成区空间一直处于扩张状态，呈现了人口收缩与空间快速扩张相悖的发展模式，城市建成区空间没有与人口变化形成良好的协调发展状态，适配程度较低。

6.2 人口收缩与城市建设用地空间扩张的适配分析

通过整理东北地区34个城市的人口收缩与城市建设用地空间扩张数据，我们得到表6-2。

表6-2　城市人口收缩与城市建设用地空间扩张的适配分析

序号	城市	人口收缩（%）				城市建设用地空间扩张（%）			
		2005—2010年	2010—2015年	2015—2020年	2005—2020年	2005—2010年	2010—2015年	2015—2020年	2005—2020年
1	沈阳市	2.97	2.53	24.12	37.16	32.90	33.50	14.55	103.23
2	大连市	3.56	1.29	19.28	32.47	76.52	−5.67	9.92	83.04
3	鞍山市	1.06	−1.58	−4.28	−1.38	16.18	8.23	5.26	32.35
4	抚顺市	−1.51	−2.55	−13.61	−21.05	8.33	6.15	2.90	18.33
5	本溪市	−1.08	−2.17	−12.78	−15.14	25.00	31.43	0.00	64.29
6	丹东市	−1.86	−1.27	−8.33	−10.63	0.00	58.49	36.90	116.98
7	锦州市	4.35	−3.53	−10.63	−7.88	14.52	50.70	0.00	72.58
8	营口市	5.15	−1.11	−3.15	5.65	6.45	11.11	57.27	86.02
9	阜新市	0.00	−1.61	−13.11	−12.64	44.90	125.35	−51.88	57.14
10	辽阳市	0.78	−3.36	−10.70	−9.97	34.25	7.14	1.90	46.58
11	盘锦市	4.21	−0.93	0.00	12.32	12.96	40.98	32.56	111.11
12	铁岭市	0.86	−1.70	−20.78	−18.30	7.32	−2.27	58.14	65.85

续表

序号	城市	人口收缩（%）				城市建设用地空间扩张（%）			
		2005—2010年	2010—2015年	2015—2020年	2005—2020年	2005—2010年	2010—2015年	2015—2020年	2005—2020年
13	朝阳市	0.00	0.58	-15.61	-12.57	139.13	3.64	5.26	160.87
14	葫芦岛市	3.04	-0.74	-13.38	-7.54	29.31	8.00	48.15	106.90
15	长春市	3.37	-0.54	20.22	24.65	73.21	21.39	15.71	143.30
16	吉林市	1.27	-3.75	-14.94	-16.56	30.58	58.86	-23.11	59.50
17	四平市	2.54	-6.20	-44.49	-42.73	28.95	22.45	3.33	63.16
18	辽源市	0.42	-2.49	-17.02	-18.41	15.00	0.00	0.00	15.00
19	通化市	-2.68	-2.07	-41.55	-44.30	18.42	17.78	9.43	52.63
20	白山市	-1.33	-2.70	-25.00	-25.00	36.00	23.53	2.38	72.00
21	松原市	4.55	-4.35	-18.94	-8.55	19.44	16.28	2.00	41.67
22	白城市	1.28	-3.80	-21.05	-21.05	0.00	26.47	9.30	38.24
23	哈尔滨市	1.63	-3.21	4.42	-34.60	12.89	19.22	3.50	39.31
24	齐齐哈尔市	2.29	-3.73	-26.36	-25.78	6.19	16.67	-6.43	15.93
25	鸡西市	-1.18	-3.57	-18.52	-22.35	32.88	-18.56	1.27	9.59
26	鹤岗市	-1.33	-2.70	-15.28	-18.67	2.90	-25.35	-7.55	-28.99
27	双鸭山市	-2.99	0.00	-18.46	-18.46	0.00	3.64	1.75	5.45
28	大庆市	5.60	-1.52	0.77	15.93	63.53	15.11	1.56	91.18
29	伊春市	0.00	-5.13	-27.03	-32.50	4.70	3.21	-39.75	-34.90
30	佳木斯市	4.00	-6.41	-9.59	-7.04	62.07	-11.70	8.43	55.17
31	七台河市	4.93	-10.07	-17.16	-15.27	-36.08	9.68	-22.06	-45.36
32	牡丹江市	1.52	0.00	-11.94	-23.38	53.06	9.33	231.71	455.10
33	黑河市	-16.00	19.05	-28.00	-25.00	47.37	0.00	-28.57	5.26
34	绥化市	4.35	-6.55	-31.85	-63.36	17.39	0.00	37.04	60.87
均值		0.99	-1.94	-13.08	-13.29	27.54	17.20	12.38	65.86

由表6-2可以看出，东北地区34个城市在2005—2020年的发展中，人口收缩与城市建设用地空间扩张呈现一种不完全匹配的现象，即在各个时段人口收缩的城市较多，但大部分城市的城市建设用地空间并没有受到人口收缩的影响，依然在扩张。

2005—2020年，34个城市总体上处于人口收缩的状态，收缩水平为13.29%。城市建设用地空间总体上处于扩张状态，扩张水平为65.86%。城市建设用地空间与人口数量呈现不匹配现象，二者的适配程度很低。

鹤岗市、伊春市、七台河市的城市建设用地空间总体处于收缩状态，收缩水平分别为28.99%、34.90%、45.36%，3个城市的人口总体上也处于收缩状态，收缩水平分别为18.67%、32.50%、15.27%，3个城市的人口与城市建设用地空间均呈现收缩状态，空间收缩的速度高于人口收缩的速度，表明3个城市较好地协调了人口收缩与空间发展的问题，集约了土地利用与人口收缩的城市核心发展问题。

沈阳市的人口与城市建设用地空间均呈现增长与扩张的正向发展模式，但2005—2020年的人口增长速度明显低于城市建设用地空间扩张速度，沈阳市的城市建设用地空间扩张速度是人口增长速度的2.8倍，呈现空间扩张速度过快，与人口的增长不协调。抚顺市2005—2020年的人口一直处于收缩状态，但城市建设用地空间却一直处于扩张状态，人口与城市建设用地空间变化严重不匹配。

本溪市、丹东市、阜新市、鸡西市、双鸭山市5个城市在2005—2020年人口一直处于收缩或不增长状态。本溪市的城市建设用地空间在2015—2020年对人口收缩无响应。丹东市与双鸭山市的城市建设用地空间在2005—2010年对人口收缩无响应，其他时段的城市建设用地空间均处于增长状态。其中，本溪市、丹东市、双鸭山市的城市建设用地空间扩张水平总体上分别达到了64.29%、116.98%、5.45%。阜新市在2005—2010年人口处于停滞增长状态，其他时段均处于收缩状态，2015—2020年城市建设用地空间扩张呈现了51.88%的收缩响应，其他时段均处于扩张状态，响应程度较低。鸡西市自2005年以来人口一直处于收缩状态，城市建设用地空间在2010—2015年对人口收缩呈现了

18.56%的收缩响应，其他时段均处于扩张状态，对人口收缩无响应。

锦州市、铁岭市、吉林市、辽源市、白城市、齐齐哈尔市、佳木斯市、绥化市均是自2010年起一直处于人口收缩状态。其中，锦州市在2015—2020年、辽源市在2010—2020年、绥化市在2010—2015年均呈现了城市建设用地空间对人口收缩无响应。

吉林市、齐齐哈尔市在2015—2020年呈现了城市建设用地空间对人口收缩发生了23.11%、6.43%的空间收缩响应，其他时段均处于扩张状态，对人口收缩无响应。铁岭市、佳木斯市在2010—2015年呈现了城市建设用地空间对人口收缩发生了2.27%、11.70%的空间收缩响应，其他时段均处于扩张状态，对人口收缩无响应。

自2010年起，白城市一直处于人口收缩状态，但城市建设用地空间变化在2005—2010年呈现无扩张状态，在2010年后对人口收缩无响应。黑河市除2010—2015年以外的其他时段人口均处于收缩状态，但城市建设用地空间变化在此时段无响应，在2015—2020年呈现了28.57%的收缩响应。

鞍山市、抚顺市、营口市、辽阳市、盘锦市、朝阳市、葫芦岛市、长春市、四平市、白山市、松原市、哈尔滨市、大庆市、牡丹江市14个城市在2005—2020年均出现了不同程度的人口收缩，但14个城市的城市建设用地空间一直处于扩张状态，呈现了人口收缩与空间快速扩张相悖的发展模式，城市建设用地空间没有与人口变化形成良好的协调发展状态，适配程度较低。

6.3 人口收缩与绿地空间扩张的适配分析

通过整理东北地区34个城市的人口收缩与绿地空间扩张数据，我们得到表6-3。

由表6-3可以看出，东北地区34个城市在1995—2020年的发展中，人口收缩与绿地空间扩张呈现一种不完全匹配的现象，即在各个时段人口收缩的城市较多，但大部分城市的绿地空间扩张并没有受到人口收缩的影响，依然在扩张。

表6-3 **城市人口收缩与绿地空间扩张的适配分析**

序号	城市	人口收缩（%）						绿地空间扩张（%）					
		1995—2000年	2000—2005年	2005—2010年	2010—2015年	2015—2020年	1995—2020年	1995—2000年	2000—2005年	2005—2010年	2010—2015年	2015—2020年	1995—2020年
1	沈阳市	2.72	1.89	2.97	2.53	24.12	37.16	10.38	2.51	26.16	-3.76	-3.91	32.00
2	大连市	3.29	2.51	3.56	1.29	19.28	32.47	30.60	9.09	61.32	1.24	6.39	147.56
3	鞍山市	2.48	1.08	1.06	-1.58	-4.28	-1.38	40.99	17.53	23.73	12.41	4.76	141.44
4	抚顺市	-3.83	-1.00	-1.51	-2.55	-13.61	-21.05	12.31	11.04	54.41	-16.26	7.56	73.45
5	本溪市	1.08	-0.53	-1.08	-2.17	-12.78	-15.14	-3.21	5.95	11.63	378.46	0.24	449.03
6	丹东市	-1.25	1.90	-1.86	-1.27	-8.33	-10.63	-5.27	10.76	9.22	49.90	-2.33	67.77
7	锦州市	1.71	0.67	4.35	-3.53	-10.63	-7.88	33.23	8.60	-1.16	66.72	-10.31	113.83
8	营口市	2.95	1.91	5.15	-1.11	-3.15	5.65	29.18	122.50	40.13	8.82	65.17	623.89
9	阜新市	1.65	0.54	0.00	-1.61	-13.11	-12.64	17.71	29.48	45.18	12.86	4.81	161.74
10	辽阳市	3.23	0.26	0.78	-3.36	-10.70	-9.97	17.67	16.93	35.08	17.93	3.17	126.13
11	盘锦市	5.63	3.00	4.21	-0.93	0.00	12.32	67.96	66.57	16.01	35.65	50.44	562.36
12	铁岭市	2.68	1.30	0.86	-1.70	-20.78	-18.30	257.01	4.32	-1.66	34.24	26.04	519.71

续表

序号	城市	人口收缩（%）						绿地空间扩张（%）					
		1995—2000年	2000—2005年	2005—2010年	2010—2015年	2015—2020年	1995—2020年	1995—2000年	2000—2005年	2005—2010年	2010—2015年	2015—2020年	1995—2020年
13	朝阳市	1.80	1.18	0.00	0.58	-15.61	-12.57	-0.24	62.11	-54.83	52.49	41.82	58.00
14	葫芦岛市	2.38	1.94	3.04	-0.74	-13.38	-7.54	54.87	116.72	7.22	13.18	9.88	347.56
15	长春市	-3.68	4.71	3.37	-0.54	20.22	24.65	1.87	51.80	71.17	34.33	154.75	805.74
16	吉林市	1.27	-0.63	1.27	-3.75	-14.94	-16.56	3.08	42.19	-4.48	12.37	1.98	60.45
17	四平市	4.09	3.06	2.54	-6.20	-44.49	-42.73	571.79	-0.38	104.85	12.28	17.60	1 710.26
18	辽源市	1.26	-0.83	0.42	-2.49	-17.02	-18.41	9.57	22.27	93.57	11.69	-5.78	172.89
19	通化市	-0.67	0.68	-2.68	-2.07	-41.55	-44.30	106.46	12.71	32.86	26.08	7.00	317.08
20	白山市	2.78	1.35	-1.33	-2.70	-25.00	-25.00	-7.76	10.84	96.61	9.54	941.61	2 193.67
21	松原市	11.11	1.54	4.55	-4.35	-18.94	-8.55	34.72	63.52	32.73	34.07	13.36	344.40
22	白城市	2.63	0.00	1.28	-3.80	-21.05	-21.05	16.96	-13.69	74.88	13.11	22.14	143.90
23	哈尔滨市	-39.10	4.55	1.63	-3.21	4.42	-34.60	37.88	47.71	71.46	5.54	13.63	318.76

续表

序号	城市	人口收缩（%）						绿地空间扩张（%）					
		1995—2000年	2000—2005年	2005—2010年	2010—2015年	2015—2020年	1995—2020年	1995—2000年	2000—2005年	2005—2010年	2010—2015年	2015—2020年	1995—2020年
24	齐齐哈尔市	3.13	−0.76	2.29	−3.73	−26.36	−25.78	−0.38	58.87	−26.07	24.94	−24.86	9.83
25	鸡西市	2.35	−2.30	−1.18	−3.57	−18.52	−22.35	16.74	32.35	11.01	13.23	0.18	94.54
26	鹤岗市	1.33	−1.32	−1.33	−2.70	−15.28	−18.67	31.59	5.53	45.38	22.86	16.74	189.55
27	双鸭山市	3.08	0.00	−2.99	0.00	−18.46	−18.46	2.57	5.47	33.56	5.89	2.76	57.23
28	大庆市	4.42	5.93	5.60	−1.52	0.77	15.93	28.08	143.39	56.50	9.13	−53.29	148.68
29	伊春市	0.00	−2.50	0.00	−5.13	−27.03	−32.50	−21.61	15.01	43.20	12.50	11.11	61.40
30	佳木斯市	2.82	2.74	4.00	−6.41	−9.59	−7.04	17.45	13.83	62.83	7.19	−3.76	124.55
31	七台河市	6.11	2.16	4.93	−10.07	−17.16	−15.27	5.89	43.84	198.48	5.22	3.77	396.43
32	牡丹江市	−14.29	0.00	1.52	0.00	−11.94	−23.38	9.47	134.13	−16.55	1.40	−57.61	−8.08
33	黑河市	4.17	0.00	−16.00	19.05	−28.00	−25.00	50.00	8.33	138.97	54.29	8.48	550.00
34	绥化市	−46.92	3.87	4.35	−6.55	−31.85	−63.36	32.82	2.32	26.42	28.21	19.00	162.11
均值		−0.81	1.14	0.99	−1.94	−13.08	−13.29	44.42	34.83	41.76	26.42	159.16	331.70

1995—2020年34个城市总体上处于人口收缩的状态，收缩水平为13.29%，绿地空间总体上处于扩张状态，扩张水平为331.70%。绿地空间与人口数量呈现严重的不匹配现象，二者的适配程度很低。

沈阳市的人口一直处于增长状态，2010—2020年绿地空间处于较小的收缩状态，2个时段的收缩水平分别为3.76%、3.91%。大连市的人口与绿地空间均呈现增长与扩张的正向发展模式，但1995—2020年的人口增长速度明显低于绿地空间扩张速度，大连市绿地空间扩张速度是人口增长速度的4.5倍，呈现空间扩张速度过快，与人口的增长不协调。

1995—2020年，仅有牡丹江市的绿地空间总体处于收缩状态，其收缩水平仅为8.08%，人口总体收缩水平为23.38%，人口收缩水平高于绿地空间收缩水平，二者的适配程度较低。其他城市的绿地空间总体上均呈现扩张态势。

自1995年以来，抚顺市、伊春市一直处于人口收缩或停止增长阶段。抚顺市在2010—2015年绿地空间对人口收缩发生了16.26%的空间收缩响应，在其他时段绿地空间均处于扩张状态。伊春市在1995—2000年、2005—2010年人口处于停滞增长状态，其他时段均处于收缩态势，在1995—2000年绿地空间对人口收缩发生了21.6%的空间收缩响应，在其他时段绿地空间均处于扩张状态。

本溪市、白山市在1995—2000年绿地空间分别呈现3.21%、7.76%的收缩状态，人口却呈现1.08%、2.78%的增长态势，二者处于相悖发展模式。本溪市在2000—2020年、白山市在2005—2020年人口均处于收缩状态，而绿地空间均处于扩张状态。

铁岭市在1995—2005年人口处于增长态势，绿地空间处于扩张状态，绿地空间扩张程度高于人口收缩水平。铁岭市在2005—2010年绿地空间呈现1.66%的收缩水平，但人口却呈现出0.86%的增长态势，在其他时段呈现人口收缩与空间扩张相悖的发展模式。

丹东市、辽源市、白城市、伊春市、佳木斯市的绿地空间变化对人口收缩呈现了较小的响应模式，适配程度较低。丹东市在1995—2000年、2015—2020年绿地空间变化对人口收缩呈现了5.27%、2.33%的响应，在其他时段绿地空间均呈扩张变化态势。丹东市在2000—2005年人口增长与绿地空间扩张处于适配状态。

锦州市在2015—2020年、朝阳市在2005—2010年绿地空间变化对人口收缩呈现了10.31%、54.83%的空间收缩响应，在其他时段的绿地空间均处于扩张状态。

辽源市、佳木斯市在2015—2020年绿地空间变化对人口收缩呈现了5.78%、3.76%的响应，在其他时段绿地空间均呈现扩张态势。辽源市在1995—2000年、2005—2010年处于人口增长与绿地空间扩张的适配状态。佳木斯市在1995—2010年处于人口增长与绿地空间扩张的适配状态。

吉林市在2005—2010年、四平市在2000—2005年绿地空间呈现了收缩状态，分别为4.48%、0.38%，在其他时段绿地空间均处于扩张状态，但这2个时段的人口均呈增长态势，适配程度较低。

大庆市的人口仅在2010—2015年呈现1.52%的收缩状态，绿地空间仅在2015—2020年呈现53.29%的收缩状态，这2个时段人口与绿地空间变化出现相悖的发展模式，在其他时段均处于人口增长与空间扩张的协调发展状态，但空间扩张速度明显高于人口增长速度。

鞍山市、营口市、阜新市、辽阳市、盘锦市、葫芦岛市、长春市、通化市、松原市、哈尔滨市、鸡西市、鹤岗市、双鸭山市、七台河市、黑河市、绥化市16个城市在1995—2020年均出现了不同程度的人口收缩问题，但16个城市的绿地空间一直处于扩张状态，呈现了人口收缩与空间快速扩张相悖的发展模式，绿地空间没有与人口变化形成良好的协调发展状态，适配程度较低。

6.4 人口收缩与建成区绿化覆盖空间扩张的适配分析

通过整理东北地区34个城市的人口收缩与建成区绿化覆盖空间扩张数据，我们得到表6-4。

由表6-4可以看出，东北地区34个城市在1995—2020年的发展中，人口收缩与建成区绿化覆盖空间扩张呈现一种不完全匹配的现象，即在各个时段人口收缩的城市较多，但大部分城市的建成区绿化覆盖

表6-4 城市人口收缩与建成区绿化覆盖空间扩张的适配分析

序号	城市	人口收缩（%）						建成区绿化覆盖空间扩张（%）					
		1995—2000年	2000—2005年	2005—2010年	2010—2015年	2015—2020年	1995—2020年	1995—2000年	2000—2005年	2005—2010年	2010—2015年	2015—2020年	1995—2020年
1	沈阳市	2.72	1.89	2.97	2.53	24.12	37.16	9.78	143.00	37.35	16.86	14.43	389.94
2	大连市	3.29	2.51	3.56	1.29	19.28	32.47	17.81	11.92	66.10	0.86	13.29	150.26
3	鞍山市	2.48	1.08	1.06	-1.58	-4.28	-1.38	37.90	15.36	23.20	12.25	7.73	137.00
4	抚顺市	-3.83	-1.00	-1.51	-2.55	-13.61	-21.05	12.02	17.96	17.67	20.34	4.99	96.44
5	本溪市	1.08	-0.53	-1.08	-2.17	-12.78	-15.14	-0.65	5.76	11.26	5.46	3.20	27.23
6	丹东市	-1.25	1.90	-1.86	-1.27	-8.33	-10.63	31.34	10.70	6.60	44.10	5.74	136.18
7	锦州市	1.71	0.67	4.35	-3.53	-10.63	-7.88	11.76	3.25	21.96	16.43	-6.93	52.50
8	营口市	2.95	1.91	5.15	-1.11	-3.15	5.65	6.16	142.06	29.83	6.53	64.46	484.52
9	阜新市	1.65	0.54	0.00	-1.61	-13.11	-12.64	23.42	26.29	45.93	6.91	1.00	145.59
10	辽阳市	3.23	0.26	0.78	-3.36	-10.70	-9.97	15.79	15.36	32.44	15.78	4.24	113.52
11	盘锦市	5.63	3.00	4.21	-0.93	0.00	12.32	31.60	67.51	17.44	30.22	53.29	416.80
12	铁岭市	2.68	1.30	0.86	-1.70	-20.78	-18.30	540.68	28.04	18.87	30.07	21.07	1435.59

续表

序号	城市	人口收缩（%）						建成区绿化覆盖空间扩张（%）					
		1995—2000年	2000—2005年	2005—2010年	2010—2015年	2015—2020年	1995—2020年	1995—2000年	2000—2005年	2005—2010年	2010—2015年	2015—2020年	1995—2020年
13	朝阳市	1.80	1.18	0.00	0.58	−15.61	−12.57	2.46	13.94	21.32	67.68	36.03	223.04
14	葫芦岛市	2.38	1.94	3.04	−0.74	−13.38	−7.54	59.57	64.43	6.59	11.15	11.94	248.01
15	长春市	−3.68	4.71	3.37	−0.54	20.22	24.65	31.70	58.09	63.08	25.65	17.39	400.80
16	吉林市	1.27	−0.63	1.27	−3.75	−14.94	−16.56	16.18	74.56	11.48	6.81	5.00	153.57
17	四平市	4.09	3.06	2.54	−6.20	−44.49	−42.73	16.91	0.00	122.45	13.13	34.48	295.65
18	辽源市	1.26	−0.83	0.42	−2.49	−17.02	−18.41	8.92	21.47	89.07	14.02	−5.61	169.23
19	通化市	−0.67	0.68	−2.68	−2.07	−41.55	−44.30	137.65	30.92	−3.45	36.59	11.89	359.11
20	白山市	2.78	1.35	−1.33	−2.70	−25.00	−25.00	−6.60	11.35	129.81	7.36	30.01	233.60
21	松原市	11.11	1.54	4.55	−4.35	−18.94	−8.55	29.30	100.89	7.88	26.34	2.36	262.36
22	白城市	2.63	0.00	1.28	−3.80	−21.05	−21.05	14.58	−8.58	81.39	12.09	31.85	180.82
23	哈尔滨市	−39.10	4.55	1.63	−3.21	4.42	−34.60	37.63	39.62	66.05	8.70	8.00	274.59

续表

序号	城市	人口收缩（%）						建成区绿化覆盖空间扩张（%）					
		1995—2000年	2000—2005年	2005—2010年	2010—2015年	2015—2020年	1995—2020年	1995—2000年	2000—2005年	2005—2010年	2010—2015年	2015—2020年	1995—2020年
24	齐齐哈尔市	3.13	-0.76	2.29	-3.73	-26.36	-25.78	-0.40	120.85	-17.26	32.00	-1.56	136.50
25	鸡西市	2.35	-2.30	-1.18	-3.57	-18.52	-22.35	26.69	27.95	32.25	2.71	0.00	120.19
26	鹤岗市	1.33	-1.32	-1.33	-2.70	-15.28	-18.67	266.89	7.29	5.01	23.59	4.44	433.56
27	双鸭山市	3.08	0.00	-2.99	0.00	-18.46	-18.46	1.82	18.55	26.03	0.84	0.00	53.39
28	大庆市	4.42	5.93	5.60	-1.52	0.77	15.93	21.69	22.75	55.23	36.23	-0.96	212.84
29	伊春市	0.00	-2.50	0.00	-5.13	-27.03	-32.50	15.90	12.41	16.14	-5.37	-5.68	35.06
30	佳木斯市	2.82	2.74	4.00	-6.41	-9.59	-7.04	16.41	11.55	62.55	6.98	2.28	130.98
31	七台河市	6.11	2.16	4.93	-10.07	-17.16	-15.27	0.97	47.27	142.79	33.45	5.42	407.95
32	牡丹江市	-14.29	0.00	1.52	0.00	-11.94	-23.38	10.37	1.77	6.19	-42.18	36.32	-5.98
33	黑河市	4.17	0.00	-16.00	19.05	-28.00	-25.00	54.03	9.95	147.14	56.26	6.29	595.16
34	绥化市	-46.92	3.87	4.35	-6.55	-31.85	-63.36	66.90	5.91	45.95	1.27	14.11	198.12
均值		-0.81	1.14	0.99	-1.94	-13.08	-13.29	46.09	34.71	42.54	17.09	12.66	256.00

空间的扩张并没有受到人口收缩的影响，依然在扩张。

1995—2020年34个城市总体上处于人口收缩的状态，收缩水平为13.29%，建成区绿化覆盖空间总体上处于扩张状态，扩张水平为256%。建成区绿化覆盖空间与人口数量呈现严重的不匹配现象，二者的适配程度很低。

沈阳市、大连市的人口与建成区绿化覆盖空间均呈增长与扩张的正向发展模式，但1995—2020年的人口增长速度明显低于建成区绿化覆盖空间的扩张速度，沈阳市与大连市的建成区绿化覆盖空间扩张速度分别是人口增长速度的10.5倍、4.6倍，呈现空间扩张速度过快，与人口增长不协调。

在1995—2020年，仅有牡丹江市的建成区绿化覆盖空间总体处于收缩状态，收缩水平仅为5.98%，人口总体收缩水平为23.38%，人口收缩水平高于建成区绿化覆盖空间收缩水平，二者的适配程度较低。其他城市的建成区绿化覆盖空间总体上均呈现扩张态势。

本溪市与白山市的建成区绿化覆盖空间在1995—2000年分别呈现0.65%、6.60%的收缩变化，但2个城市的人口却分别呈现1.08%、2.78%的增长变化，本溪市在其他时段人口均呈现收缩态势，而建成区绿化覆盖空间均呈现扩张态势。在2005—2020年，白山市的人口呈收缩态势，而建成区绿化覆盖空间自2000年以来一直处于扩张状态。2个城市出现了人口增长与空间收缩相悖的发展模式。

锦州市、辽源市、通化市、白城市、齐齐哈尔市、双鸭山市6个城市都仅有一个时段的建成区绿化覆盖空间对人口收缩有响应。锦州市、辽源市、齐齐哈尔市、双鸭山市4个城市的建成区绿化覆盖空间在2015—2020年对人口收缩分别形成了6.93%、5.61%、1.56%、0%的收缩响应，在其他时段建成区绿化覆盖空间均处于扩张状态。齐齐哈尔市在1995—2000年、2005—2010年呈现人口增长态势，建成区绿化覆盖空间呈现收缩态势，二者之间呈现相悖的发展状态。通化市与白城市的建成区绿化覆盖空间分别在2005—2010年、2000—2005年对人口收缩形成了3.45%、8.58%的收缩响应，在其他时段建成区绿化覆盖空间均处于扩张状态。

四平市在2000—2005年建成区绿化覆盖空间处于停滞增长状态，但此时人口处于增长状态，二者不具有适配性，在其他时段建成区绿化覆盖空间均处于扩张状态。

大庆市在2010—2015年人口呈现1.52%的收缩状态，在2015—2020年的建成区绿化覆盖空间呈现0.96%的收缩状态，这2个时段的人口与建成区绿化覆盖空间变化出现了相悖的发展模式，在其他时段均处于人口增长与空间扩张的协调发展状态，但空间扩张速度明显高于人口增长速度。

鞍山市、抚顺市、丹东市、营口市、阜新市、辽阳市、盘锦市、铁岭市、朝阳市、葫芦岛市、长春市、吉林市、松原市、哈尔滨市、鹤岗市、佳木斯市、七台河市、黑河市、绥化市19个城市在1995—2020年均出现了不同程度的人口收缩，但这19个城市的建成区绿化覆盖空间一直处于扩张状态，呈现了人口收缩与空间快速扩张相悖的发展模式，建成区绿化覆盖空间没有与人口变化形成良好的协调发展状态，适配程度较低。

6.5 本章小结

本章对东北地区1995—2020年城市人口收缩与空间扩张的适配格局进行了系统分析。通过研究发现：

1995—2020年东北地区34个城市总体上处于人口收缩的状态，收缩水平为13.29%；城市建成区空间总体上处于扩张状态，扩张水平为91.80%，城市建设用地空间总体上处于空间扩张状态，扩张水平为65.86%；绿地空间总体上处于扩张状态，扩张水平为331.70%；建成区绿化覆盖空间总体上处于扩张状态，扩张水平为256%。城市建成区空间、城市建设用地空间、绿地空间、建成区绿化覆盖空间与人口变化呈现严重的不匹配现象，适配程度很低。

从城市建成区空间与人口变化的情况来看，鞍山市、抚顺市、营口市、辽阳市、盘锦市、铁岭市、葫芦岛市、长春市、四平市、松原市、哈尔滨市、大庆市12个城市在1995—2020年均出现了不同程度的人口收缩，但12个城市的城市建成区空间一直处于扩张状态，呈现了人口收缩与城市建成区空间快速扩张相悖的发展模式，城市建成区空间没有与人口变化形成良好的协调发展状态，适配程度较低。

从城市建设用地空间与人口变化的情况来看，鞍山市、抚顺市、营口市、辽阳市、盘锦市、朝阳市、葫芦岛市、长春市、四平市、白山市、松原市、哈尔滨市、大庆市、牡丹江市14个城市在2005—2020年均出现了不同程度的人口收缩，但14个城市的城市建设用地空间一直处于扩张状态，呈现了人口收缩与建设用地空间快速扩张相悖的发展模式，城市建设用地空间没有与人口变化形成良好的协调发展状态，适配程度较低。

从绿地空间与人口变化的情况来看，鞍山市、营口市、阜新市、辽阳市、盘锦市、葫芦岛市、长春市、通化市、松原市、哈尔滨市、鸡西市、鹤岗市、双鸭山市、七台河市、黑河市、绥化市16个城市在1995—2020年均出现了不同程度的人口收缩，但16个城市的绿地空间一直处于扩张状态，呈现了人口收缩与绿地空间快速扩张相悖的发展模式，绿地空间没有与人口变化形成良好的协调发展状态，适配程度较低。

从建成区绿化覆盖空间与人口变化的情况来看，鞍山市、抚顺市、丹东市、营口市、阜新市、辽阳市、盘锦市、铁岭市、朝阳市、葫芦岛市、长春市、吉林市、松原市、哈尔滨市、鹤岗市、佳木斯市、七台河市、黑河市、绥化市19个城市在1995—2020年均出现了不同程度的人口收缩，但19个城市的建成区绿化覆盖空间一直处于扩张状态，呈现了人口收缩与建成区绿化覆盖空间快速扩张相悖的发展模式，建成区绿化覆盖空间没有与人口变化形成良好的协调发展状态，适配程度较低。

第7章 东北地区城市综合收缩的时空格局演化

目前，关于城市收缩的研究大多都采用某个单一维度来衡量，如利用全国人口普查数据从人口维度来识别城市的收缩程度，利用夜间灯光数据从经济维度来识别城市的收缩程度等。但利用不同的单一指标对同一区域范围内的城市收缩进行识别，其结果存在一些明显的差异，为了避免单一指标识别产生的不一致性问题，近年来一些学者开始考虑使用复合指标体系来识别城市收缩问题。本书在第4章从人口的视角对东北地区的城市收缩问题进行了识别，在第5章从空间的视角识别了收缩城市与空间扩张，这两部分都是采用单一指标来开展研究的。结合目前的研究趋势与特征，本章通过构建城市综合发展指数，来综合评价东北地区34个城市的发展状态，从而识别城市收缩的状况。

7.1 指标选择与数据来源

本书在第4章运用人口指标来识别了东北地区的城市收缩问题，但城市的收缩不仅仅表现在人口收缩层面上，还表现在因人口变化所引起的城市空间变化、经济变化等问题上。因此，本书结合现有的研究及本研究的需要，从人口维度、空间维度、经济维度3个层面构建东北地区城市综合发展指数的评价指标体系。人口维度包括城市人口密度、年末总人口、自然增长率3个指标；空间维度包括城市建成区面积、城市绿地面积2个指标；经济维度包括人均国内生产总值、国内生产总值增长率2个指标，共计7个指标。城市综合发展指数的评价指标见表7-1。本章的数据主要来源于《中国城市统计年鉴1996—2021》。

表7-1　城市综合发展指数的评价指标

研究维度	研究指标	单位
人口维度	城市人口密度	人/平方千米
	年末总人口	万人
	自然增长率	%
空间维度	城市建成区面积	平方千米
	城市绿地面积	公顷
经济维度	人均国内生产总值	元
	国内生产总值增长率	%

7.2 评价方法

首先对各指标进行标准化处理，采用最大值标准化处理方法，即用某一指标除以这一指标所有年份中的最大值，得到的指标值为0～1。然后，用各指标标准化后的值与其权重的乘积求得该指标的得分，并对所有指标的得分相加求得某一个城市某一年份的城市综合发展指数，利用后一个年份的城市综合发展指数与前一年份指数相减的差来判断城市是否处于收缩状态。若这个差小于0，则表示城市处于收缩状态；若这个差大于0，则表示城市处于扩张状态。同时，利用增长率公式计算城市收缩的程度。

7.3 综合收缩识别

利用城市综合发展指数的评价指标体系及评价方法来计算东北地区34个城市1995年、2000年、2005年、2010年、2015年、2020年的城市综合发展指数，并据此识别城市收缩情况。东北地区34个城市的收缩情况及收缩程度分别见表7-2和表7-3。

由表7-2可知，从城市综合发展指数的变化情况来看，东北地区34个城市1995—2020年各年的平均城市综合发展指数分别为0.2065、0.2174、0.2422、0.2534、0.2044、0.1940。城市综合发展指数在1995—2010年一直呈上升趋势，在2010—2020年一直处于下降态势。25年间，34个城市的总体平均城市综合发展指数为0.2197，处于较低的状态。沈阳市、大连市、长春市的平均城市综合发展指数分别为0.4891、0.4438、0.4518，均高于0.4的水平，是东北地区中水平最高的3个城市。哈尔滨市仅次于这3个城市，城市综合发展指数达到了0.3910。鞍山市、本溪市、营口市、辽阳市、盘锦市、吉林市、四平市、松原市、齐齐哈尔市、大庆市、绥化市11个城市的平均城市综合发展指数均高于0.2，其他城市的平均城市综合发展指数均在0.1 ~ 0.2区间变化。

从综合收缩识别的情况来看，东北地区34个城市总体上在2010—2015年、2015—2020年2个时段均处于收缩状态，在2010—2015年收缩指数最大，收缩程度最严重；在1995—2000年、2000—2005年、2005—2010年3个时段均处于增长态势，但增长指数一直呈下降趋势。1995—2020年，东北地区总体处于收缩状态。沈阳市、大连市、长春市、大庆市4个城市各有一个时段处于收缩状态，其他时段均为增长态势，且4个城市在1995—2020年总体处于增长态势，增长指数分别为0.2061、0.1602、0.3189、0.0429。其中，长春市增长速度最快，大庆市的增长速度明显低于其他3个城市。鞍山市、本溪市、营口市、辽阳市、盘锦市、铁岭市、朝阳市、哈尔滨市8个城市在1995—2020年都出现了不同程度的收缩态势，但25年间在总体上呈现增长态势。哈尔滨市

表7-2 **城市综合发展指数及综合收缩识别**

序号	城市	综合发展指数							综合收缩识别					
		1995年	2000年	2005年	2010年	2015年	2020年	均值	1995—2000年	2000—2005年	2005—2010年	2010—2015年	2015—2020年	1995—2020年
1	沈阳市	0.3852	0.4115	0.4780	0.5426	0.5259	0.5913	0.4891	0.0264	0.0664	0.0646	-0.0167	0.0654	0.2061
2	大连市	0.3696	0.3631	0.4025	0.4947	0.5029	0.5298	0.4438	-0.0065	0.0394	0.0922	0.0082	0.0270	0.1602
3	鞍山市	0.2281	0.3170	0.3087	0.3209	0.2539	0.2306	0.2765	0.0889	-0.0083	0.0122	-0.0670	-0.0233	0.0024
4	抚顺市	0.1821	0.1809	0.1923	0.1963	0.1827	0.1312	0.1776	-0.0012	0.0114	0.0040	-0.0136	-0.0514	-0.0509
5	本溪市	0.1865	0.1874	0.2065	0.1949	0.2431	0.2010	0.2032	0.0010	0.0191	-0.0116	0.0482	-0.0421	0.0145
6	丹东市	0.1892	0.1449	0.1939	0.1443	0.1057	0.1139	0.1487	-0.0443	0.0491	-0.0497	-0.0385	0.0081	-0.0753
7	锦州市	0.1937	0.1927	0.2580	0.1881	0.1664	0.1676	0.1944	-0.0009	0.0653	-0.0699	-0.0216	0.0011	-0.0261
8	营口市	0.1769	0.3268	0.2981	0.2839	0.2666	0.2714	0.2706	0.1498	-0.0287	-0.0141	-0.0174	0.0048	0.0944
9	阜新市	0.1621	0.0954	0.1825	0.1719	0.0459	0.1110	0.1281	-0.0666	0.0871	-0.0106	-0.1260	0.0651	-0.0510
10	辽阳市	0.1297	0.2826	0.2839	0.2628	0.2171	0.1933	0.2282	0.1528	0.0013	-0.0211	-0.0456	-0.0238	0.0636
11	盘锦市	0.2122	0.1823	0.2265	0.3223	0.2650	0.2990	0.2512	-0.0300	0.0442	0.0959	-0.0573	0.0340	0.0868
12	铁岭市	0.0648	0.2017	0.2400	0.2004	0.1047	0.1273	0.1565	0.1369	0.0384	-0.0396	-0.0957	0.0225	0.0625

续表

序号	城市	综合发展指数							综合收缩识别					
		1995年	2000年	2005年	2010年	2015年	2020年	均值	1995—2000年	2000—2005年	2005—2010年	2010—2015年	2015—2020年	1995—2020年
13	朝阳市	0.0797	0.1698	0.2502	0.1923	0.1691	0.1679	0.1715	0.0901	0.0804	-0.0580	-0.0231	-0.0012	0.0881
14	葫芦岛市	0.1733	0.2283	0.2423	0.1808	0.1743	0.1471	0.1910	0.0550	0.0140	-0.0615	-0.0065	-0.0273	-0.0263
15	长春市	0.3236	0.3706	0.3593	0.4988	0.5162	0.6425	0.4518	0.0471	-0.0113	0.1395	0.0174	0.1263	0.3189
16	吉林市	0.2684	0.2381	0.2490	0.2951	0.2794	0.2350	0.2608	-0.0302	0.0109	0.0461	-0.0158	-0.0444	-0.0334
17	四平市	0.2225	0.1512	0.2753	0.2441	0.1912	0.1319	0.2027	-0.0713	0.1241	-0.0312	-0.0529	-0.0593	-0.0906
18	辽源市	0.1408	0.2070	0.2735	0.2224	0.1435	0.1363	0.1873	0.0662	0.0665	-0.0511	-0.0789	-0.0072	-0.0045
19	通化市	0.1627	0.1845	0.2169	0.1927	0.1746	0.1179	0.1749	0.0217	0.0324	-0.0242	-0.0181	-0.0567	-0.0448
20	白山市	0.1445	0.1355	0.1686	0.1831	0.1363	0.1211	0.1482	-0.0090	0.0330	0.0145	-0.0469	-0.0151	-0.0234
21	松原市	0.2666	0.1775	0.2595	0.2453	0.2550	0.1519	0.2260	-0.0891	0.0820	-0.0142	0.0097	-0.1031	-0.1147
22	白城市	0.0908	0.1557	0.2052	0.1656	0.1065	0.0675	0.1319	0.0649	0.0494	-0.0396	-0.0591	-0.0390	-0.0233
23	哈尔滨市	0.2906	0.3432	0.3895	0.4624	0.4327	0.4275	0.3910	0.0526	0.0463	0.0729	-0.0296	-0.0052	0.1370

续表

序号	城市	综合发展指数							综合收缩识别					
		1995年	2000年	2005年	2010年	2015年	2020年	均值	1995—2000年	2000—2005年	2005—2010年	2010—2015年	2015—2020年	1995—2020年
24	齐齐哈尔市	0.2619	0.2420	0.2942	0.2203	0.2140	0.1665	0.2332	−0.0200	0.0522	−0.0739	−0.0062	−0.0475	−0.0954
25	鸡西市	0.1966	0.1668	0.1622	0.1908	0.0713	0.0837	0.1452	−0.0297	−0.0047	0.0287	−0.1195	0.0124	−0.1129
26	鹤岗市	0.2223	0.1190	0.1520	0.1454	0.0620	0.0703	0.1285	−0.1034	0.0331	−0.0067	−0.0834	0.0082	−0.1521
27	双鸭山市	0.2374	0.1608	0.1844	0.2178	0.0751	0.0916	0.1612	−0.0766	0.0236	0.0334	−0.1427	0.0165	−0.1458
28	大庆市	0.2395	0.2569	0.3172	0.3329	0.3481	0.2823	0.2962	0.0175	0.0602	0.0158	0.0152	−0.0657	0.0429
29	伊春市	0.2080	0.2060	0.1473	0.1518	0.0238	0.0521	0.1315	−0.0020	−0.0587	0.0045	−0.1279	0.0282	−0.1559
30	佳木斯市	0.1797	0.1871	0.1860	0.2348	0.1384	0.1423	0.1781	0.0074	−0.0011	0.0488	−0.0965	0.0040	−0.0374
31	七台河市	0.1973	0.2494	0.2094	0.2783	0.1058	0.0765	0.1861	0.0520	−0.0400	0.0689	−0.1726	−0.0293	−0.1209
32	牡丹江市	0.1904	0.1788	0.1243	0.2030	0.1754	0.1068	0.1631	−0.0117	−0.0544	0.0787	−0.0277	−0.0686	−0.0837
33	黑河市	0.1670	0.1056	0.1440	0.1413	0.0838	0.0811	0.1205	−0.0613	0.0384	−0.0027	−0.0574	−0.0028	−0.0859
34	绥化市	0.2769	0.2705	0.1535	0.2934	0.1945	0.1301	0.2198	−0.0064	−0.1169	0.1398	−0.0989	−0.0644	−0.1468
均值		0.2065	0.2174	0.2422	0.2534	0.2044	0.1940	0.2197	0.0109	0.0248	0.0112	−0.0490	−0.0104	−0.0125

表7-3 **东北地区1995—2020年城市综合收缩识别**

时间	省	收缩城市	城市数量	收缩数量	比例（%）	省域收缩比例（%）
1995—2000年	辽宁省	大连市、抚顺市、丹东市、锦州市、阜新市、盘锦市	14	6	43	53
	吉林省	吉林市、四平市、白山市、松原市	8	4	50	
	黑龙江省	齐齐哈尔市、鸡西市、鹤岗市、双鸭山市、伊春市、牡丹江市、黑河市、绥化市	12	8	67	
2000—2005年	辽宁省	鞍山市、营口市	14	2	14	26
	吉林省	长春市	8	1	13	
	黑龙江省	鸡西市、伊春市、佳木斯市、七台河市、牡丹江市、绥化市	12	6	50	
2005—2010年	辽宁省	本溪市、丹东市、锦州市、营口市、阜新市、辽阳市、铁岭市、朝阳市、葫芦岛市	14	9	64	50
	吉林省	四平市、辽源市、通化市、松原市、白城市	8	5	63	
	黑龙江省	齐齐哈尔市、鹤岗市、黑河市	12	3	25	
2010—2015年	辽宁省	沈阳市、鞍山市、抚顺市、丹东市、锦州市、营口市、阜新市、辽阳市、盘锦市、铁岭市、朝阳市、葫芦岛市	14	12	86	85
	吉林省	吉林市、四平市、辽源市、通化市、白山市、白城市	8	6	75	
	黑龙江省	哈尔滨市、齐齐哈尔市、鸡西市、鹤岗市、双鸭山市、伊春市、佳木斯市、七台河市、牡丹江市、黑河市、绥化市	12	11	92	

续表

时间	省	收缩城市	城市数量	收缩数量	比例（%）	省域收缩比例（%）
2015—2020年	辽宁省	鞍山市、抚顺市、本溪市、辽阳市、朝阳市、葫芦岛市	14	6	43	59
	吉林省	吉林市、四平市、辽源市、通化市、白山市、松原市、白城市	8	7	88	
	黑龙江省	哈尔滨市、齐齐哈尔市、大庆市、七台河市、牡丹江市、黑河市、绥化市	12	7	58	
1995—2020年	辽宁省	抚顺市、丹东市、锦州市、阜新市、葫芦岛市	14	5	36	65
	吉林省	吉林市、四平市、辽源市、通化市、白山市、松原市、白城市	8	7	88	
	黑龙江省	齐齐哈尔市、鸡西市、鹤岗市、双鸭山市、伊春市、佳木斯市、七台河市、牡丹江市、黑河市、绥化市	12	10	83	

增长指数为0.1370，明显高于其他7个城市，其他7个城市的增长指数均低于0.1，处于较低的增长水平。四平市、齐齐哈尔市、牡丹江市、黑河市、绥化市是所有城市中收缩频次最高的5个城市，均有4个时段处于收缩状态，25年间在总体上处于收缩状态。松原市、鸡西市、鹤岗市、双鸭山市、伊春市、七台河市、绥化市7个城市在1995—2020年的总体收缩指数均低于0.1，其他城市的综合发展指数均高于0.1，这7个城市是所有城市中收缩指数较低的城市。

由表7-3可知，东北地区在1995—2020年总体的收缩城市数量占所有城市的65%，即25年间总体上有22个城市处于收缩状态。其中，辽宁省、吉林省、黑龙江省分别有5个、7个、10个城市处于收缩状态，占比分别为36%、88%、83%，吉林省与黑龙江省的收缩水平均在80%以上，吉林省的收缩比例最高，东北地区收缩形势比较严峻。

在1995—2000年、2000—2005年、2005—2010年、2010—2015年、2015—2020年5个时段，总体收缩城市比例分别为53%、26%、50%、85%、59%。其中，在2010—2015年收缩城市的数量最多，达到了29个城市。1995—2000年、2005—2010年、2015—2020年3个时段收缩城市的数量均高于或等于50%，2000—2005年收缩城市的数量最少，仅为9个城市。

1995—2000年，辽宁省、吉林省、黑龙江省分别有6个、4个、8个城市处于收缩状态，占比分别为43%、50%、67%。其中，吉林省与黑龙江省的收缩水平均在50%以上，黑龙江省的收缩比例最高。

2000—2005年，辽宁省、吉林省、黑龙江省分别有2个、1个、6个城市处于收缩状态，占比分别为14%、13%、50%。其中，黑龙江省的收缩水平为50%，是收缩比例最高的省份。

2005—2010年，辽宁省、吉林省、黑龙江省分别有9个、5个、3个城市处于收缩状态，占比分别为64%、63%、25%。其中，辽宁省与吉林省的收缩水平均在50%以上，二者的收缩比例相当。

2010—2015年，辽宁省、吉林省、黑龙江省分别有12个、6个、11个城市处于收缩状态，占比分别为86%、75%、92%。3个省份的收缩水平均在70%以上，黑龙江省达到了90%以上的收缩水平，是各个时段中收缩最严重的。

2015—2020年，辽宁省、吉林省、黑龙江省分别有6个、7个、7个城市处于收缩状态，占比分别为43%、88%、58%。其中，吉林省与黑龙江省的收缩水平均在50%以上，吉林省的收缩比例最高，接近90%的收缩水平。

表7-4反映了东北地区1995—2020年34个城市的城市综合收缩程度。

表7-4 城市综合发展指数及综合收缩程度

序号	城市	综合发展指数							综合收缩程度（%）						收缩排序
		1995年	2000年	2005年	2010年	2015年	2020年	均值	1995—2000年	2000—2005年	2005—2010年	2010—2015年	2015—2020年	1995—2020年	
1	沈阳市	0.3852	0.4115	0.4780	0.5426	0.5259	0.5913	0.4891	6.84	16.15	13.51	-3.07	12.43	53.51	4
2	大连市	0.3696	0.3631	0.4025	0.4947	0.5029	0.5298	0.4438	-1.75	10.85	22.90	1.65	5.36	43.36	8
3	鞍山市	0.2281	0.3170	0.3087	0.3209	0.2539	0.2306	0.2765	38.94	-2.63	3.96	-20.88	-9.18	1.07	12
4	抚顺市	0.1821	0.1809	0.1923	0.1963	0.1827	0.1312	0.1776	-0.65	6.29	2.07	-6.94	-28.15	-27.93	21
5	本溪市	0.1865	0.1874	0.2065	0.1949	0.2431	0.2010	0.2032	0.52	10.17	-5.62	24.75	-17.34	7.77	11
6	丹东市	0.1892	0.1449	0.1939	0.1443	0.1057	0.1139	0.1487	-23.43	33.87	-25.61	-26.71	7.70	-39.81	24
7	锦州市	0.1937	0.1927	0.2580	0.1881	0.1664	0.1676	0.1944	-0.48	33.86	-27.11	-11.50	0.69	-13.47	15
8	营口市	0.1769	0.3268	0.2981	0.2839	0.2666	0.2714	0.2706	84.66	-8.79	-4.74	-6.12	1.82	53.37	5
9	阜新市	0.1621	0.0954	0.1825	0.1719	0.0459	0.1110	0.1281	-41.13	91.29	-5.80	-73.28	141.70	-31.49	22
10	辽阳市	0.1297	0.2826	0.2839	0.2628	0.2171	0.1933	0.2282	117.83	0.47	-7.43	-17.37	-10.98	49.01	6
11	盘锦市	0.2122	0.1823	0.2265	0.3223	0.2650	0.2990	0.2512	-14.11	24.23	42.33	-17.78	12.84	40.89	9

续表

序号	城市	综合发展指数							综合收缩程度（%）						收缩排序
		1995年	2000年	2005年	2010年	2015年	2020年	均值	1995—2000年	2000—2005年	2005—2010年	2010—2015年	2015—2020年	1995—2020年	
12	铁岭市	0.0648	0.2017	0.2400	0.2004	0.1047	0.1273	0.1565	211.35	19.03	-16.51	-47.73	21.49	96.49	3
13	朝阳市	0.0797	0.1698	0.2502	0.1923	0.1691	0.1679	0.1715	112.97	47.37	-23.17	-12.04	-0.74	110.55	1
14	葫芦岛市	0.1733	0.2283	0.2423	0.1808	0.1743	0.1471	0.1910	31.70	6.15	-25.39	-3.58	-15.64	-15.16	16
15	长春市	0.3236	0.3706	0.3593	0.4988	0.5162	0.6425	0.4518	14.55	-3.05	38.81	3.48	24.47	98.56	2
16	吉林市	0.2684	0.2381	0.2490	0.2951	0.2794	0.2350	0.2608	-11.27	4.57	18.52	-5.35	-15.89	-12.45	14
17	四平市	0.2225	0.1512	0.2753	0.2441	0.1912	0.1319	0.2027	-32.03	82.04	-11.34	-21.67	-31.02	-40.73	25
18	辽源市	0.1408	0.2070	0.2735	0.2224	0.1435	0.1363	0.1873	47.04	32.12	-18.70	-35.48	-5.03	-3.23	13
19	通化市	0.1627	0.1845	0.2169	0.1927	0.1746	0.1179	0.1749	13.36	17.58	-11.17	-9.37	-32.48	-27.55	20
20	白山市	0.1445	0.1355	0.1686	0.1831	0.1363	0.1211	0.1482	-6.21	24.37	8.63	-25.60	-11.10	-16.18	17
21	松原市	0.2666	0.1775	0.2595	0.2453	0.2550	0.1519	0.2260	-33.43	46.21	-5.46	3.94	-40.43	-43.03	26
22	白城市	0.0908	0.1557	0.2052	0.1656	0.1065	0.0675	0.1319	71.54	31.74	-19.30	-35.69	-36.64	-25.69	19
23	哈尔滨市	0.2906	0.3432	0.3895	0.4624	0.4327	0.4275	0.3910	18.11	13.49	18.72	-6.41	-1.20	47.15	7

续表

序号	城市	综合发展指数							综合收缩程度（%）						收缩排序
		1995年	2000年	2005年	2010年	2015年	2020年	均值	1995—2000年	2000—2005年	2005—2010年	2010—2015年	2015—2020年	1995—2020年	
24	齐齐哈尔市	0.2619	0.2420	0.2942	0.2203	0.2140	0.1665	0.2332	-7.62	21.58	-25.13	-2.84	-22.19	-36.42	23
25	鸡西市	0.1966	0.1668	0.1622	0.1908	0.0713	0.0837	0.1452	-15.12	-2.81	17.67	-62.61	17.32	-57.42	30
26	鹤岗市	0.2223	0.1190	0.1520	0.1454	0.0620	0.0703	0.1285	-46.49	27.80	-4.37	-57.34	13.29	-68.39	33
27	双鸭山市	0.2374	0.1608	0.1844	0.2178	0.0751	0.0916	0.1612	-32.27	14.68	18.14	-65.52	21.95	-61.41	32
28	大庆市	0.2395	0.2569	0.3172	0.3329	0.3481	0.2823	0.2962	7.30	23.44	4.97	4.55	-18.89	17.91	10
29	伊春市	0.2080	0.2060	0.1473	0.1518	0.0238	0.0521	0.1315	-0.96	-28.49	3.03	-84.29	118.33	-74.97	34
30	佳木斯市	0.1797	0.1871	0.1860	0.2348	0.1384	0.1423	0.1781	4.11	-0.58	26.26	-41.08	2.86	-20.79	18
31	七台河市	0.1973	0.2494	0.2094	0.2783	0.1058	0.0765	0.1861	26.36	-16.03	32.93	-62.00	-27.71	-61.25	31
32	牡丹江市	0.1904	0.1788	0.1243	0.2030	0.1754	0.1068	0.1631	-6.13	-30.46	63.32	-13.63	-39.12	-43.94	27
33	黑河市	0.1670	0.1056	0.1440	0.1413	0.0838	0.0811	0.1205	-36.74	36.30	-1.90	-40.65	-3.30	-51.45	28
34	绥化市	0.2769	0.2705	0.1535	0.2934	0.1945	0.1301	0.2198	-2.33	-43.23	91.08	-33.71	-33.11	-53.02	29
均值		0.2065	0.2174	0.2422	0.2534	0.2044	0.1940	0.2197	14.56	15.87	5.53	-23.88	0.06	-6.06	

依据表7-4对34个城市分年度按照综合收缩程度进行类别划分，结果见表7-5。

表7-5 **按综合收缩程度划分的结果**

时间	收缩程度	收缩城市	城市数量	所占比例（%）
1995—2000年	40%<S	阜新市、鹤岗市	2	6
	30%<S<40%	四平市、松原市、双鸭山市、黑河市	4	12
	20%<S<30%	丹东市	1	3
	10%<S<20%	盘锦市、吉林市、鸡西市	3	9
	1%<S<10%	大连市、白山市、齐齐哈尔市、牡丹江市、绥化市	5	15
	S<1%	抚顺市、锦州市、伊春市	3	9
2000—2005年	40%<S	绥化市	1	3
	30%<S<40%	牡丹江市	1	3
	20%<S<30%	伊春市	1	3
	10%<S<20%	七台河市	1	3
	1%<S<10%	鞍山市、营口市、长春市、鸡西市	4	12
	S<1%	佳木斯市	1	3
2005—2010年	20%<S<30%	丹东市、锦州市、朝阳市、葫芦岛市、齐齐哈尔市	5	15
	10%<S<20%	铁岭市、四平市、辽源市、通化市、白城市	5	15
	1%<S<10%	本溪市、营口市、阜新市、辽阳市、松原市、鹤岗市、黑河市	7	21

续表

时间	收缩程度	收缩城市	城市数量	所占比例（%）
2010—2015年	80%<S<90%	伊春市	1	3
	70%<S<80%	阜新市	1	3
	60%<S<70%	鸡西市、双鸭山市、七台河市	3	9
	50%<S<60%	鹤岗市	1	3
	40%<S<50%	铁岭市、佳木斯市、黑河市	3	9
	30%<S<40%	辽源市、白城市、绥化市	3	9
	20%<S<30%	鞍山市、丹东市、四平市、白山市	4	12
	10%<S<20%	锦州市、辽阳市、盘锦市、朝阳市、牡丹江市	5	15
	1%<S<10%	沈阳市、抚顺市、营口市、葫芦岛市、吉林市、通化市、哈尔滨市、齐齐哈尔市	8	24
2015—2020年	40%<S<50%	松原市	1	3
	30%<S<40%	四平市、通化市、白城市、牡丹江市、绥化市	5	15
	20%<S<30%	抚顺市、齐齐哈尔市、七台河市	3	9
	10%<S<20%	本溪市、辽阳市、葫芦岛市、吉林市、白山市、大庆市	6	18
	1%<S<10%	鞍山市、辽源市、哈尔滨市、黑河市	4	12
	1%<S<10%	朝阳市	1	3
1995—2020年	70%<S<80%	伊春市	1	3
	60%<S<70%	鹤岗市、双鸭山市、七台河市	3	9
	50%<S<60%	鸡西市、黑河市、绥化市	3	9
	40%<S<50%	四平市、松原市、牡丹江市	3	9
	30%<S<40%	丹东市、阜新市、齐齐哈尔市	3	9
	20%<S<30%	抚顺市、通化市、白城市、佳木斯市	4	12
	10%<S<20%	锦州市、葫芦岛市、吉林市、白山市	4	12
	1%<S<10%	辽源市	1	3

1995—2020年，东北地区有22个城市处于收缩状态，占城市总量的65%，平均收缩水平为37.54%。从1995年开始到2020年这个跨度区间的总体情况来看，城市收缩的水平从3.23%至74.97%，收缩水平变化明显。收缩城市主要集中在10%～70%的收缩水平。伊春市达到了74.97%的最高收缩水平；鸡西市、鹤岗市、双鸭山市、七台河市、黑河市、绥化市6个城市的收缩水平在50%～70%；丹东市、阜新市、四平市、松原市、牡丹江市、齐齐哈尔市6个城市的收缩水平在30%～50%；抚顺市、锦州市、葫芦岛市、吉林市、通化市、白山市、白城市、佳木斯市8个城市的收缩水平在10%～30%；辽源市的收缩水平在10%以下。

1995—2000年，东北地区有18个城市处于收缩状态，占城市总量的53%，平均收缩水平为17.34%。其中，鹤岗市的收缩最严重，达到了46.49%的收缩水平，阜新市紧随其后，达到了41.13%的收缩水平，其他城市的收缩水平均在40%以下；黑河市、松原市、双鸭山市、四平市4个城市的收缩水平分别为36.74%、33.43%、32.27%、32.03%，均在30%以上的收缩水平；丹东市的收缩水平为23.43%；鸡西市、盘锦市、吉林市3个城市的收缩水平分别为15.12%、14.11%、11.27%，均在10%以上的收缩水平；齐齐哈尔市、白山市、牡丹江市、绥化市、大连市5个城市的收缩水平分别为7.62%、6.21%、6.13%、2.33%、1.75%，均低于10%的收缩水平，收缩程度较小；伊春市、抚顺市、锦州市3个城市的收缩水平分别为0.96%、0.65%、0.48%，均低于1%的收缩水平，处于微弱的收缩状态。

2000—2005年，东北地区有9个城市处于收缩状态，占城市总量的26%，平均收缩水平为15.12%，这一时段的收缩城市数量是最少的。其中，绥化市的收缩程度最高，达到了43.23%；牡丹江市的收缩程度次之，达到了30.46%；伊春市、七台河市2个城市的收缩水平分别为28.49%、16.03%；鞍山市、营口市、长春市、鸡西市4个城市的收缩水平均在10%以下，收缩程度较小；佳木斯市的收缩程度最低，仅为0.58%。

2005—2010年，东北地区有17个城市处于收缩状态，占城市总量的50%，平均收缩水平为14.04%。其中，锦州市、丹东市、葫芦岛市、齐齐哈尔市、朝阳市5个城市的收缩水平分别为27.11%、25.61%、

25.39%、25.13%、23.17%，均高于20%的收缩水平；铁岭市、四平市、辽源市、通化市、白城市5个城市的收缩水平分别为16.51%、11.34%、18.7%、11.17%、19.30%，均高于10%的收缩水平；辽阳市、阜新市、本溪市、松原市、营口市、鹤岗市、黑河市7个城市的收缩水平分别为7.43%、5.80%、5.62%、5.46%、4.74%、4.37%、1.90%，均低于10%的收缩水平。

2010—2015年，东北地区有29个城市处于收缩状态，占城市总量的85%，平均收缩水平为29.32%，这一时段的收缩城市数量是各个时段中最多的，收缩水平从2.84%至84.29%。收缩水平在50%以上的城市包括伊春市、阜新市、鸡西市、双鸭山市、七台河市、鹤岗市；收缩水平在30%～40%的城市包括铁岭市、佳木斯市、黑河市、辽源市、白城市、绥化市；收缩水平在10%～30%的城市包括鞍山市、丹东市、四平市、白山市、锦州市、辽阳市、盘锦市、朝阳市、牡丹江市；收缩水平低于10%的城市包括沈阳市、抚顺市、营口市、葫芦岛市、吉林市、通化市、哈尔滨市、齐齐哈尔市。

2015—2020年，东北地区有20个城市处于收缩状态，占城市总量的59%，平均收缩水平为20%。这一时段的城市收缩水平均低于50%。其中，松原市收缩水平最高为40.43%，收缩水平在30%～40%的城市包括四平市、通化市、白城市、牡丹江市、绥化市；收缩水平在20%～30%的城市包括抚顺市、齐齐哈尔市、七台河市；收缩水平在10%～20%的城市包括本溪市、辽阳市、葫芦岛市、吉林市、白山市、大庆市；收缩水平低于10%的城市包括鞍山市、辽源市、哈尔滨市、黑河市、朝阳市。

7.4 本章小结

本章从人口维度、空间维度与经济维度3个层面构建了东北地区城市综合发展指数的评价指标体系。人口维度包括城市人口密度、年末总人口、自然增长率3个指标；空间维度包括城市建成区面积、城市绿地面积2个指标；经济维度包括人均国内生产总值、国内生产总值增长率

2个指标，共计7个指标。本章依据该指标体系对东北地区34个城市进行评价，识别34个城市的收缩状态与收缩程度。通过研究可以发现：

从城市综合发展指数的变化情况来看，东北地区34个城市1995—2020年各年的平均城市综合发展指数分别为0.2065、0.2174、0.2422、0.2534、0.2044、0.1940，在1995—2010年一直呈上升趋势，在2010—2020年一直处于下降态势。25年间，34个城市的总体平均城市综合发展指数为0.2197，处于较低的状态。

从综合收缩识别的情况来看，东北地区34个城市总体上在2010—2015年、2015—2020年2个时段均处于收缩态势，在2010—2015年收缩指数最大，收缩程度最严重；在1995—2000年、2000—2005年、2005—2010年3个时段均处于增长态势，但增长指数一直呈下降趋势。在1995—2020年东北地区总体处于收缩状态。

在1995—2000年、2000—2005年、2005—2010年、2010—2015年、2015—2020年5个时段，总体收缩城市比例分别为53%、26%、50%、85%、59%。其中，在2010—2015年收缩城市的数量最多，达到了29个城市；在1995—2000年、2005—2010年、2015—2020年3个时段收缩城市的数量均高于或等于50%，2000—2005年收缩城市的数量最少，仅为9个城市。

1995—2020年，东北地区有22个城市处于收缩状态，占城市总量的65%，平均收缩水平为37.54%。其中，辽宁省、吉林省、黑龙江省分别有5个、7个、10个城市处于收缩状态，占比分别为36%、88%、83%，吉林省与黑龙江省的收缩水平均在80%以上，吉林省的收缩比例最高，东北地区收缩形势比较严峻。从1995年开始到2020年这个跨度区间的总体情况来看，城市收缩的水平从3.23%至74.97%，收缩水平变化明显。收缩城市主要集中在10%～70%的收缩水平。伊春市达到了74.97%的最高收缩水平；鸡西市、鹤岗市、双鸭山市、七台河市、黑河市、绥化市6个城市的收缩水平在50%～70%；丹东市、阜新市、四平市、松原市、牡丹江市、齐齐哈尔市6个城市的收缩水平在30%～50%；抚顺市、锦州市、葫芦岛市、吉林市、通化市、白山市、白城市、佳木斯市8个城市的收缩水平在10%～30%；辽源市的收缩水平在10%以下。

第8章　东北地区城市收缩与扩张的驱动机制

通过对第4章、第5章、第6章和第7章的研究，我们发现了东北地区自1995年以来存在明显的人口收缩与空间扩张现象，这种现象对东北地区的发展具有较大的影响。究竟是什么因素影响了东北地区存在这种发展现象呢？找到这些因素是解决东北地区发展困境的关键。通过现有的研究我们可以发现，目前针对城市收缩与扩张的研究更多关注的是它们的影响因素，并从识别的主要影响因素方面提出针对城市收缩与扩张的相关规划建议。因此，本章在前述研究的基础上，以城市综合发展指数为因变量，选择跟城市收缩与扩张紧密相关的因素，开展东北地区城市收缩与扩张的影响因素研究，为东北地区城市可持续发展提供理论建议。

8.1　城市收缩与扩张的影响因素选择

结合现有的文献研究，以及东北地区的发展特点，本章从10个方面构建了东北地区城市收缩与扩张的影响因素指标体系，具体的变量有：

（1）经济总量：经济总量的大小决定了一个城市的经济发展水平，经济总量越大表明一个城市的经济竞争力越强，越有利于城市发展。这里选择城市地区生产总值来表示城市的经济总量。

（2）工业发展水平：工业的发展是城市经济增长的主要动力，也是城市发展的主要支撑，同时可容纳大量的就业人口。这里选择城市第二产业产值比重来表示城市的工业发展水平。

（3）服务业发展水平：服务业发展水平代表了一个城市现代化的水平，为城市居民的日常生活提供各类工作以外的主要生活空间。这里选择城市第三产业产值比重来表示城市的服务业发展水平。

（4）公共服务水平：公共服务水平是城市吸引人才的重要基础，也是居民幸福感得到提升的基础。这里选择城市地方财政支出占国内生产总值的比重来表示城市的公共服务水平。

（5）科技支撑水平：科技的发展代表了一个城市的创新能力，创新是城市发展的根本动力源泉。这里选择城市科技支出占财政支出的比重来表示城市的科技支撑水平。

（6）教育支撑水平：教育的投入代表了一个城市在人才培养方面的能力，人才是城市发展的基础。这里选择城市教育支出占财政支出的比重来表示城市的教育支撑水平。

（7）教育水平：教育水平的高低决定了一个城市未来发展的潜力，只有良好的教育水平，才能更好地为城市储备人才。这里选择城市在校大学生数来表示城市的教育水平。

（8）对外开放程度：对外开放程度代表了城市的国际化能力与水平，是一个城市国际化发展的重要代表。这里选择城市实际使用外资金额来表示城市的对外开放程度。

（9）绿化水平：绿化水平是一个城市环境的重要指标，代表了城市的人居环境水平。这里选择城市建成区绿化覆盖率来表示城市的绿化水平。

（10）交通可达性：交通是城市发展的生命线之一，交通可达性是城市出行便捷化与快速化的重要衡量标准。这里选择城市年末实有道路面积来表示城市的交通可达性。

综上所述，本章选择以上10个主要影响因素作为识别东北地区城市收缩与扩张的影响因素，具体的因素指标见表8-1。

表8-1　东北地区城市收缩与扩张的影响因素指标

序号	影响因素	指标	代码	单位
1	经济总量	地区生产总值	X1	万元
2	工业发展水平	第二产业产值比重	X2	%
3	服务业发展水平	第三产业产值比重	X3	%
4	公共服务水平	地方财政支出占国内生产总值的比重	X4	%
5	科技支撑水平	科技支出占财政支出的比重	X5	%
6	教育支撑水平	教育支出占财政支出的比重	X6	%
7	教育水平	在校大学生数	X7	人
8	对外开放程度	实际使用外资金额	X8	万美元
9	绿化水平	建成区绿化覆盖率	X9	%
10	交通可达性	年末实有道路面积	X10	万平方米

8.2　城市收缩与扩张的影响因素识别

这里识别东北地区城市收缩与扩张的影响因素包括34个城市单元，各个单元存在空间上的差异，相同的因素对不同区域的影响大小可能存在空间差异。传统的回归方法对于回归参数仅仅是进行了平均或全局意义上的估计，很难体现参数在空间上的非平稳性，这个回归的前提是假定变量之间的关系具有同质性。但是东北地区各个城市的自然环境与社会环境均存在明显的空间分异，各个指标变量的关系会因地理位置的不同而变化，即具有“空间非平稳”的特性。与传统回归模型相比，地理加权回归模型，将空间关系作为权重加入到运算过程中，能够很好地应对这种“空间非平稳”。地理加权回归模型是对普通最小二乘法模型的扩展，该模型将样本点的地理位置引入回归参数中，允许局部的参数估计，地理加权回归模型对每一个观测点的地理位置使用加权的最小二乘法估算，权重常选取距离衰减函数的某种形式。对每一个位置的每一组系数的估计将可以实现在地图上的分布，这可以提供关于空间非平稳性条件下回归关系的有价值的信息。

鉴于地理加权回归模型的特点与本书的研究需要，本章采用地理加权回归模型对东北地区城市收缩与扩张的影响因素进行识别。

考虑到数据的可获取性与本书研究数据的特点，本章选择2005年、2010年、2015年、2020年4个年份对东北地区城市收缩与扩张的影响因素进行识别。影响因素各指标的数据来源于《中国城市统计年鉴2006—2021》，因变量为第7章的城市综合发展指数。

在进行地理加权回归模型识别影响因素之前，需要对各个自变量的多重共线性进行检验，这里采用OLS方法中的VIF指标进行检验，一般要求VIF小于5。结合各年度因变量与自变量的具体情况，进行多重共线性的检验，最终确定了各年份的地理加权回归模型的指标。其中，2005年的影响因素指标有服务业发展水平、科技支撑水平、教育支撑水平、对外开放程度；2010年的影响因素指标有工业发展水平、教育支撑水平、教育水平、绿化水平；2015年的影响因素指标有工业发展水平、教育支撑水平、教育水平、绿化水平；2020年的影响因素指标有工业发展水平、服务业发展水平、公共服务水平、教育支撑水平、对外开放程度。

8.3 城市收缩与扩张的影响因素识别结果

运用地理加权回归模型，针对东北地区在2005年、2010年、2015年、2020年4个年份选择的城市收缩与扩张的影响因素指标，识别东北地区2005—2020年城市收缩与扩张的影响因素，得出以下识别结果：

1）2005年东北地区城市收缩与扩张的影响因素作用路径

服务业发展水平对各城市的影响呈现明显的空间分异，且影响程度由黑龙江省向辽宁省逐渐增强。服务业发展水平对黑龙江省呈负向影响，即服务业水平越高，城市综合发展指数越低，城市将处于收缩状态。另外，鸡西市、鹤岗市、双鸭山市、伊春市、七台河市、牡丹江市、佳木斯市、黑河市8个城市的影响系数均在-0.2以上，是负向影响程度最大的区域，这些城市位于黑龙江省的最北部。哈尔滨市、齐齐哈尔市、大庆市、绥化市4个城市的影响系数均在-0.2～-0.13，负向影响作用略低于前面8个城市。长春市、吉林市、四平市、白山市、松原市、白城市6个城市的服务业发展水平对城市综合发展指数均呈负向影响，即服务业发展水平越高，城市综合发展指数越低，城市将处于收缩状态，服务业发展水平对6个城市的负向影响均低于对黑龙江省的影响程度，影响系数在-0.1～-0.007区间变化，影响程度相对较弱。服务业发展水平对辽宁省呈正向影响，即服务业发展水平越高，城市发展综合指数越高，城市将处于扩张状态。服务业发展水平对铁岭市的影响作用最弱，影响系数仅为0.0648；对大连市与营口市的影响作用最强，影响系数均在0.2以上，其他城市的影响系数均在0.1～0.2。

科技支撑水平对各城市的影响存在明显的空间分异，但影响系数均为负值，即科技支撑水平越高，城市综合发展指数越低，城市将处于收缩状态，这是因为一个城市的科技投入是需要较长时间才能看到效果的，当年的投入对抑制城市收缩的作用不大，另一个原因可能在于东北地区的科技投入产出比相对较低，对抑制城市收缩的作用较弱。

教育支撑水平对各城市的影响存在明显的空间分异，对辽宁省呈正向影响，即教育支撑水平越高，城市综合发展指数越高，城市将处于扩张状态，抑制城市收缩。但影响系数并不大，在0.1～0.2区间变化。对吉林省的四平市、辽源市、通化市、白山市呈正向影响，但影响系数较小，均在0.1以下，影响强度不高。对黑龙江省的黑河市呈正向影响，但影响系数仅为0.0126，影响强度较弱。对吉林省与黑龙江省的其他城市均呈负向影响，即教育支撑水平越高，城市综合发展指数越低，城市将处于收缩状态。

对外开放程度对各城市的影响存在明显的空间分异，影响系数均为正值，即对外开放程度越高，城市综合发展指数越高，城市将处于扩张状态，抑制城市收缩。对外开放程度对34个城市的影响强度由黑龙江省向辽宁省逐渐减弱。对外开放程度对黑龙江省各城市的影响系数均在1以上。其中，鹤岗市、双鸭山市、佳木斯市3个城市的影响系数均大于3；鸡西市、伊春市、七台河市、黑河市4个城市的影响系数均大于2，哈尔滨市、齐齐哈尔市、大庆市、牡丹江市、绥化市5个城市的影响系数均大于1。对外开放程度对吉林省各城市的影响系数均在0.6以上。其中，长春市、吉林市、松原市、白城市4个城市的影响系数均在0.9以上，其他城市的影响系数均在0.6～0.7。对外开放程度对辽宁省各城市的影响系数均在0.4～0.6。其中，沈阳市、抚顺市、阜新市、铁岭市4个城市的影响系数均在0.5以上，其他城市的影响系数均在0.4～0.5。

2）2010年东北地区城市收缩与扩张的影响因素作用路径

工业发展水平对各城市的影响呈现明显的空间分异，影响系数均为正值，即工业发展水平越高，城市综合发展指数越高，城市将处于扩张状态，抑制城市收缩。工业发展水平对东北地区城市收缩与扩张的影响程度由黑龙江省向辽宁省逐渐增强，黑龙江省各城市的影响系数均在0.22～0.25，影响差异不大；吉林省各城市的影响系数均在0.26～0.29，影响程度高于黑龙江省，但省内的影响程度变化差异不大；辽宁省各城市的影响系数均在0.30～0.35，影响程度高于吉林省与黑龙江省，在省内的影响程度变化差异略高于其他省份。

教育支撑水平对各城市的影响呈现明显的空间分异，影响系数均为正值，即教育支撑水平越高，城市综合发展指数越高，城市将处于扩张状态，抑制城市收缩。吉林省各城市、黑龙江省西南部的大庆市、辽宁省北部的铁岭市和抚顺市的教育支撑水平系数均在0.38以上，是教育支撑水平对东北地区影响程度最大的区域范围。教育支撑水平的影响程度由此区域分别向辽宁省南部和黑龙江省北部逐渐减弱。

教育水平对各城市的影响呈现明显的空间分异，影响系数均为正值，即教育水平越高，城市综合发展指数越高，城市将处于扩张状态，抑制城市收缩。教育水平对东北地区城市收缩与扩张的影响程度由黑龙江省向辽宁省逐渐增强，在东北地区的区域空间上呈现出明显的规律性，即影响程度由南向北降低。黑龙江省北部的鸡西市、鹤岗市、双鸭山市、伊春市、佳木斯市、七台河市、黑河市7个城市的影响系数均在

0.62以下，黑龙江省南部的哈尔滨市、齐齐哈尔市、大庆市、牡丹江市、绥化市5个城市的影响系数均在0.62～0.64，略高于北部城市。吉林省各城市的影响系数均在0.65～0.68，略高于黑龙江省。教育水平在辽宁省的影响强度由北向南逐渐增强，铁岭市、抚顺市、沈阳市、阜新市、本溪市、丹东市、辽阳市7个城市的影响系数均在0.67～0.70，均小于0.70，鞍山市、锦州市、盘锦市、营口市、朝阳市5个城市的影响系数均在0.70～0.71，大连市、葫芦岛市的影响系数均在0.71以上。

绿化水平对各城市的影响呈现明显的空间分异，影响系数均为正值，即绿化水平越高，城市综合发展指数越高，城市将处于扩张状态，抑制城市收缩。绿化水平对东北地区城市收缩与扩张的影响程度由黑龙江省向辽宁省逐渐减弱，在东北地区的区域空间上呈现出明显的规律性，即影响程度由北向南降低。

3）2015年东北地区城市收缩与扩张的影响因素作用路径

工业发展水平对各城市的影响呈现明显的空间分异，对辽宁省的影响程度明显高于吉林省与黑龙江省，但这一时期各个城市的影响系数差距不大，影响系数均为正值，即工业发展水平越高，城市综合发展指数越高，城市将处于扩张状态，抑制城市收缩。工业发展水平对黑龙江省中西部黑河市、齐齐哈尔市、绥化市、大庆市、哈尔滨市、伊春市以及吉林省西部的白城市、松原市的影响程度偏低，均在0.50以下的水平。工业发展水平对黑龙江省东部的双鸭山市、鸡西市影响程度最大，2个城市的影响系数均在0.50以上；对佳木斯市、七台河市、鹤岗市、牡丹江市的影响略低于东部区城市，影响系数均在0.50～0.52。工业发展水平对吉林省中东部的长春市、吉林市、四平市、辽源市、通化市、白山市6个城市的影响系数均在0.50～0.51。工业发展水平对辽宁省西部的锦州市、阜新市、朝阳市、葫芦岛市，以及辽宁省中部的沈阳市、盘锦市、铁岭市的影响系数均在0.50以上，处于相对较强的影响状态；而大连市的影响系数是14个城市中最低的，为0.4958；其他城市的影响系数均在0.50～0.51。

教育支撑水平对各城市的影响程度呈现明显的空间分异，对东北地区的影响程度由辽宁省向黑龙江省逐步增强。辽宁省各城市及吉林省的通化市的影响系数均为负值，表明教育支撑水平越高，城市综合发展指数越低，城市将处于收缩状态；其他城市的影响系数均为正值，对城市收缩有抑制作用。教育支撑水平对吉林省的白城市及黑龙江省的哈尔滨市、齐齐哈尔市、鹤岗市、大庆市、伊春市、七台河市、黑河市、绥化市的影响系数均在0.1以上，处于较高的影响程度，其他城市的影响系数均在0.1以下。

教育水平对各城市的影响程度呈现明显的空间分异，影响系数均为正值，即教育水平越高，城市综合发展指数越高，城市将处于扩张状态，抑制城市收缩。教育水平对东北地区城市收缩与扩张的影响程度由黑龙江省向辽宁省逐渐增强，对黑龙江省各城市的影响系数均在0.70～0.77，影响差异不大；对吉林省各城市的影响系数均在0.81～0.88，影响程度高于黑龙江省，影响程度的差异水平也高于黑龙江省；辽宁省各城市的影响系数均在0.89～1.01，除铁岭市外，其他城市的影响系数均在0.9以上，且影响程度高于吉林省与黑龙江省，在省内的影响程度变化差异略高于其他省份，呈现更明显的空间分异状态。

绿化水平对各城市的影响程度呈现明显的空间分异，其影响程度由辽宁省向吉林省逐渐增强，再由吉林省向黑龙江省逐渐减弱。其中，辽宁省的朝阳市与葫芦岛市、黑龙江省的佳木斯市的影响系数均为负值，即教育水平越高，城市综合发展指数越低，城市将处于收缩状态。其他城市的影响系数均为正值，对城市收缩有抑制作用。

4）2020年东北地区城市收缩与扩张的影响因素作用路径

工业发展水平、服务业发展水平、公共服务水平、对外开放程度4个因素对东北地区的全部城市的影响系数均为正值。随着4个因素的影响程度增强，城市综合发展指数也会增大，抑制城市的收缩，且4个因素的影响程度均呈现由黑龙江省向辽宁省逐渐加强的变化趋势。教育支撑水平对黑龙江省的鸡西市、鹤岗市、双鸭山市、伊春市、佳木斯市、黑河市6个城市的影响系数均为正值，对城市收缩有抑制作用；教育支撑水平对黑龙江省其他城市及辽宁省与吉林省各城市的影响系数均为负值，则加剧了城市的收缩。

8.4 本章小结

本章结合现有文献研究以及东北地区发展特点，从10个方面构建了东北地区城市收缩与扩张的影响因素指标体系。针对东北地区各城市各要素存在明显的空间分异的问题，选择地理加权回归模型对影响因素进行识别。在识别之前，应用OLS方法中的VIF指标对各年份的影响因素指标进行多重共线性的检验，确定各年份进入地理加权回归模型的影响因素指标，然后对东北地区2005年、2010年、2015年、2020年影响城市收缩与扩张的影响因素进行识别。通过识别结果可以发现：

2005年，服务业发展水平影响程度由黑龙江省向辽宁省逐渐增强，对辽宁省各城市及吉林省的辽源市、通化市均呈正向影响，对黑龙江省各城市及吉林省的长春市、吉林市、四平市、白山市、松原市、白城市6个城市均呈负向影响；教育支撑水平对辽宁省各城市均呈正向影响，抑制城市收缩，但影响系数并不大，均在0.1～0.2区间变化。对吉林省的四平市、辽源市、通化市、白山市及黑龙江省的黑河市均呈正向影响，但影响水平均低于辽宁省。对吉林省及黑龙江省的其他城市均呈负向影响，加强了城市收缩；科技支撑水平对东北地区各城市的影响系数均为负值，促进城市收缩；对外开放程度对东北地区各城市的影响系数均为正值，抑制城市收缩，影响程度由黑龙江省向辽宁省逐渐减弱。

2010年，工业发展水平、教育支撑水平、教育水平、绿化水平对东北地区各城市的影响系数均为正值，即这些因素的影响水平越高，城市综合发展指数越高，城市将处于扩张状态，抑制城市收缩。工业发展水平与教育水平对东北地区城市收缩与扩张的影响程度由黑龙江省向辽宁省逐渐增强。教育支撑水平对吉林省各城市、黑龙江省西南部的大庆市、辽宁省北部的铁岭市与抚顺市这一区域范围影响程度最大。教育支撑水平的影响程度由此区域分别向辽宁省南部和黑龙江省北部逐渐减弱。绿化水平对东北地区城市收缩与扩张的影响程度由黑龙江省向辽宁省逐渐减弱，在东北地区的区域空间上呈现明显的规律性，即影响程度由北向南降低。

2015年，工业发展水平对辽宁省的影响程度明显高于吉林省与黑龙江省，但这一时段各个城市的影响系数差距不大，且影响系数均为正值，即工业发展水平越高，城市综合发展指数越高，城市将处于扩张状态，抑制城市收缩。教育支撑水平对各城市的影响程度呈现明显的空间分异，对东北地区的影响程度由辽宁省向黑龙江省逐步增强。辽宁省各城市及吉林省的通化市的影响系数均为负值，表明教育支撑水平越高，城市综合发展指数越低，城市将处于收缩状态；其他城市的影响系数均为正值，对城市收缩有抑制作用。教育水平对东北地区各城市的影响系数均为正值，即教育水平越高，城市综合发展指数越高，城市将处于扩张状态，抑制城市收缩。教育水平对东北地区城市收缩与扩张的影响程度由黑龙江省向辽宁省逐渐增强。绿化水平对各城市的影响程度呈现明显的空间分异，其影响强度由辽宁省向吉林省的逐渐增强，再由吉林省向黑龙江省逐渐减弱。其中，辽宁省的朝阳市与葫芦岛市、黑龙江省的佳木斯市的影响系数均为负值，即绿化水平越高，城市综合发展指数越低，城市将处于收缩状态；其他城市的影响系数均为正值，对城市收缩有抑制作用。

2020年，工业发展水平、服务业发展水平、公共服务水平、对外开放程度4个因素对东北地区各城市的影响系数均为正值。随着4个因素的影响程度增强，城市综合发展指数也会增大，抑制城市的收缩，且4个因素的影响程度均呈现由黑龙江省向辽宁省逐渐加强的变化趋势。教育支撑水平对黑龙江省的鸡西市、鹤岗市、双鸭山市、伊春市、佳木斯市、黑河市6个城市的影响系数均为正值，对城市收缩有抑制作用，对黑龙江省其他城市及辽宁省与吉林省各城市的影响系数均为负值，加剧了城市收缩。

第9章 研究结论与展望

9.1 研究结论

本书通过对国内外相关概念梳理、研究进展述评，厘清了现有的城市收缩的研究基础、理论进展、实践研究进展与研究突破口，进而构建了本书的框架体系，对东北地区地级行政单位、县区级行政单位的人口收缩问题进行了研究，对34个城市的空间扩张问题进行了研究。在此基础上，对东北地区城市的人口收缩与空间扩张进行了适配研究。同时，构建了东北地区城市发展综合指数，以此来判断东北地区的城市综合收缩问题，并识别了东北地区城市收缩与扩张的影响因素。

本书得到的主要结论如下：

1）东北地区城市人口收缩演化特征

（1）基于人口普查数据的研究发现：东北地区省域层面的研究结果显示，从东北地区人口数量的变化情况来看，从第五次全国人口普查

（以下简称“五普”）到第六次全国人口普查（以下简称“六普”）辽宁省、吉林省与黑龙江省总人口数量与城市人口数量均呈现增长态势，乡村人口呈下降态势；从总体人口数量的变化来看，表现为各个省份呈现扩张状态；从城市与乡村人口数量的变化来看，表现为城市扩张与乡村收缩，这一阶段的城市收缩主要表现在乡村的收缩，大部分城市呈现扩张状态。从第六次全国人口普查到第七次全国人口普查（以下简称“七普”）辽宁省、吉林省与黑龙江省总人口数量呈现下降态势，辽宁省与吉林省城市人口数量呈增长态势，黑龙江省城市人口数量呈下降态势。辽宁省、吉林省与黑龙江省的乡村人口数量均呈下降态势。这一阶段表现为3个省份的乡村收缩、辽宁省与吉林省的城市扩张、黑龙江省的城市收缩。

从第五次全国人口普查到第七次全国人口普查的情况来看，东北地区在20年间，辽宁省总人口数量增长，但增长率只有1.83%。吉林省与黑龙江省总人口数量增长率分别为-10.18%、-12.11%，均表现为下降态势。3个省份的城市人口数量增长率分别为33.79%、13.29%、11.92%，均呈明显的增长态势，且辽宁省的增长最明显。3个省份的乡村人口数量增长率分别为-37.08%、-33.33%、-37.65%，均表现为较大的下降态势，3个省份的乡村呈现明显的收缩状态，且吉林省与黑龙江省的乡村人口数量下降速度高于城市人口数量增长速度，因此二者表现为整体的收缩状态，而辽宁省的城市人口数量增长速度高于乡村人口数量下降速度，表现为整体的增长态势。

东北地区地级市层面的研究结果显示，从东北地区36个行政单元平均人口数量的变化情况来看，五普、六普、七普中的人口变化，处于先增长后下降的态势，36个行政单元从五普到六普的平均总人口数量与城市人口数量均在增长，乡村人口数量在下降，这一阶段的城市收缩主要表现在乡村人口的收缩；从六普到七普，平均总人口数量与乡村人口数量均在下降，而平均城市人口数量在增长，且从五普到七普，平均城市人口数量持续处于增长态势，七普平均总人口数量低于五普平均总人口数量，总人口数量主要是在六普到七普之间发生了严重的收缩。东北地区36个行政单元的平均城市人口数量一直处于增长态势，平均乡村人口数量持续处于收缩态势，且平均乡村人口数量在七普时收缩至897 455人，远低于100万人的水平。从地级市层面也可以看出，东北地区城市收缩的主要原因在于乡村人口数量的持续收缩。东北地区农村的空心化现象是东北地区人口流失的主要原因。

东北地区县区层面的研究结果显示，从第五次全国人口普查到第六次全国人口普查东北地区36个地市区的285个县区中有136个县区处于总人口数量的收缩状态，收缩县区数量占县区总数的48%，136个县区的平均收缩水平为9%；从第六次全国人口普查到第七次全国人口普查东北地区36个地市区的285个县区中有236个县区处于人口收缩状态，收缩县区数量占县区总数的83%，236个县区的平均收缩水平为23%；从第五次全国人口普查到第七次全国人口普查东北地区36个地市区的285个县区中有206个县区处于人口收缩状态，收缩县区数量占县区总数的72%，206个县区的平均收缩水平为27%。东北地区从五普到七普总人口数量收缩的区、县、县级市数量分别占区、县、县级市总数的49%、98%、89%，收缩的空间更集中于县与县级市层面，县级层面收缩比例更高，而区级层面收缩比例相对较低，表明从五普到七普东北地区的城市收缩问题已经愈加严重，且中心城区以外的县与县级市面临人口流失的严峻问题，各城市所属外围的县与县级市的空心化问题也逐渐严重，吉林省与黑龙江省的这一问题要严重于辽宁省。

（2）基于人口密度数据的研究发现：从全市人口密度的变化情况来看，东北地区34个城市1995—2020年各年的平均全市人口密度分别为200、197、199、203、200、187，呈现下降—上升—下降的波动变化趋势。25年间，34个城市的总体平均全市人口密度为198，处于较低的状态。从全市人口密度增长率的情况来看，东北地区34个城市总体上在1995—2000年、2010—2015年、2015—2020年3个时段处于收缩状态，在2000—2005年、2005—2010年2个时段处于增长态势，但增长率呈下降趋势，在2015—2020年收缩程度最大，达到了13.08%。在1995—2020年，东北地区各城市总体处于收缩状态，收缩水平为13.29%。

从市辖区人口密度的变化情况来看，东北地区34个城市1995—

2020年各年的平均市辖区人口密度分别为876、865、869、775、693、640，呈现下降—上升—下降的波动变化趋势。25年间，34个城市的总体平均市辖区人口密度为786，明显高于全市的人口密度水平。从市辖区人口密度增长率的情况来看，东北地区34个城市总体上在1995—2000年、2000—2005年2个时段处于增长态势，在2005—2010年、2010—2015年、2015—2020年3个时段处于收缩状态，在2010—2015年的收缩程度最大，达到了7.05%。在1995—2020年，东北地区市辖区总体处于收缩状态，收缩水平为17.33%。

从县域人口密度的变化情况来看，东北地区34个城市1995—2020年各年的平均县域人口密度分别为132、136、135、138、134、101，呈现上升—下降—上升—下降的波动变化趋势。25年间，34个城市的总体平均县域人口密度为129，明显低于市辖区与全市的人口密度水平，这与城乡分布格局的规律也基本吻合。从县域人口密度增长率的情况来看，东北地区34个城市总体上仅在2005—2010年处于增长态势，在1995—2000年、2000—2005年、2010—2015年、2015—2020年4个时段均处于收缩状态。其中，在2015—2020年收缩程度最大，达到了24.44%，是各个时段内全市、市辖区、县域人口收缩最严重的一个时段。在1995—2020年，仅伊春市与七台河市的县域人口密度呈现增长态势，其他城市均呈现下降态势，其县域空间均呈人口收缩状态。在1995—2020年，东北地区县域总体处于收缩状态，收缩水平为25%。

2）东北地区城市空间扩张演化特征

从城市建成区面积的变化情况来看，东北地区34个城市1995—2020年各年的平均城市建成区面积分别为72平方千米、81平方千米、96平方千米、117平方千米、134平方千米、145平方千米，呈现逐步上升的变化趋势。25年间，34个城市的总体平均城市建成区面积为107平方千米。从城市建成区的扩张情况来看，东北地区34个城市总体上在1995—2020年一直处于扩张态势，5个时段的扩张水平分别为13.35%、14.08%、18.75%、14.86%、8.16%，扩张程度呈现先上升后下降的变化趋势，25年间扩张的平均水平为91.80%。鹤岗市、双鸭山市、伊春市、黑河市4个城市的城市建成区面积在1995—2020年呈现收缩状态，收缩水平分别为3.45%、1.69%、29.20%、4.76%，其他城市的城市建成区面积在1995—2020年呈现扩张状态。东北地区有13个城市的城市建成区扩张水平在100%以上，占城市总量的38%，扩张范围较大。东北地区在1995—2020年总体的扩张城市数量占所有城市的88%，即25年间总体上有30个城市处于收缩状态。其中，辽宁省、吉林省、黑龙江省分别有14个、8个、8个城市处于扩张状态，占比分别为100%、100%、67%，辽宁省与吉林省的全部城市均呈现扩张状态，东北地区城市扩张状态极度明显。在1995—2000年、2000—2005年、2005—2010年、2010—2015年、2015—2020年5个时段，总体扩张城市比例分别为79%、76%、74%、91%、65%。其中，在2010—2015年扩张城市的数量最多，达到了31个城市，其他时段的扩张水平均在65%以上。

从城市建设用地面积的变化情况来看，东北地区34个城市2005—2020年各年的平均城市建设用地面积分别为91平方千米、118平方千米、139平方千米、150平方千米，呈现逐步上升的变化趋势。15年间，34个城市的总体平均城市建设用地面积为125平方千米。从城市建设用地的扩张情况来看，东北地区34个城市总体上在2005—2020年一直处于扩张态势，3个时段的扩张水平分别为27.54%、17.20%、12.38%，呈现逐步放缓的变化趋势，15年间平均扩张水平为65.86%。鹤岗市、伊春市、七台河市3个城市的城市建设用地面积在2005—2020年呈现收缩状态，收缩水平分别为28.99%、34.90%、45.36%，其他城市的城市建设用地面积在2005—2020年均呈现扩张状态。东北地区有7个城市的城市建设用地的扩张水平在100%以上，占城市总量的21%。东北地区在2005—2020年总体的扩张城市数量占所有城市的91%，即15年间总体上有31个城市处于收缩状态。其中，辽宁省、吉林省、黑龙江省分别有14个、8个、9个城市处于扩张状态，占比分别为100%、100%、75%，辽宁省与吉林省的全部城市均呈现扩张状态，东北地区城市扩张状态极度明显。在2005—2010年、2010—2015年、2015—2020年3个时段，总体扩张城市比例分别为88%、76%、71%。其中，在2005—2010年扩张城市的数量最多，达到了30个城市，其他时段的扩张水平均在70%以上。

从居住用地面积的变化情况来看，东北地区34个城市2010—2020年各年的平均居住用地面积分别为39平方千米、44平方千米、47平方千米，呈现逐步上升的变化趋势。10年间，34个城市的总体平均居住用地面积为43平方千米。从居住用地的扩张情况来看，东北地区34个城市总体上在2010—2020年一直处于扩张态势，2个时段的扩张水平分别为14.16%、5.93%，呈现逐步放缓的变化趋势，10年间平均扩张水平为21.14%。阜新市、朝阳市、齐齐哈尔市、鹤岗市、双鸭山市、伊春市、黑河市7个城市的居住用地面积在2010—2020年均呈现收缩状态，大连市、四平市、辽源市、鸡西市4个城市的居住用地面积在2010—2020年均呈现零扩张状态，其他城市的居住用地面积在2010—2020年均呈现扩张状态。东北地区在2010—2020年总体的扩张城市数量占所有城市的68%，即10年间总体上有23个城市处于扩张状态。其中，辽宁省、吉林省、黑龙江省分别有11个、6个、6个城市处于扩张状态，占比分别为79%、75%、50%，辽宁省与吉林省在70%以上，东北地区城市扩张状态较为明显。在2010—2015年、2015—2020年2个时段，总体扩张城市比例分别为74%、53%。其中，在2010—2015年扩张城市的数量最多，达到了25个城市。

从绿地面积的变化情况来看，东北地区34个城市1995—2020年各年的平均绿地面积分别为2 508公顷、2 917公顷、3 849公顷、5 135公顷、6 052公顷、7 170公顷，呈现逐步上升的变化趋势。25年间，34个城市的总体平均绿地面积为4 633公顷。从绿地空间的扩张情况来看，东北地区34个城市总体上在1995—2020年一直处于扩张态势，5个时段的扩张水平分别为44.42%、34.83%、41.76%、29.64%、38.02%，呈现波动变化态势，且在各个时期的扩张速度均相对较快，25年间平均扩张水平为331.70%，扩张速度如此之快的主要原因是四平市、白山市呈现了超常规的扩张速度。牡丹江市的绿地面积在1995—2020年呈现了收缩状态，收缩水平为8.08%，其他城市的绿地面积在1995—2020年均呈现扩张状态。东北地区有24个城市的绿地面积扩张水平在100%以上，占城市总量的72%，扩张范围与扩张空间均极度明显。东北地区在1995—2020年总体的扩张城市数量占所有城市的97%，即25年间总体上有33个城市处于收缩状态。其中，辽宁省、吉林省、黑龙江省分别有14个、8个、11个城市处于扩张状态，占比分别为100%、100%、92%，辽宁省与吉林省的全部城市均呈现扩张状态，东北地区城市扩张状态极度明显。在1995—2000年、2000—2005年、2005—2010年、2010—2015年、2015—2020年5个时段，总体扩张城市比例分别为82%、94%、82%、94%、71%。其中，在2000—2005年、2010—2015年2个时段扩张城市的数量最多，均达到了32个城市，其他时段的扩张水平均在70%以上。

从建成区绿化覆盖面积的变化情况来看，东北地区34个城市1995—2020年各年的平均建成区绿化覆盖面积分别为1 986公顷、2 430公顷、3 344公顷、4 563公顷、5 204公顷、5 784公顷，呈现逐步上升的变化趋势。25年间，34个城市的总体平均建成区绿化覆盖面积为3 885公顷。从建成区绿化覆盖的扩张情况来看，东北地区34个城市总体上在1995—2020年一直处于扩张态势，5个时段的扩张水平分别为46.09%、34.71%、42.54%、17.09%、12.66%，呈现波动下降态势，25年间平均扩张水平为256%，扩张速度如此之快的主要原因是铁岭市出现了急速扩张。牡丹江市的建成区绿化覆盖面积在1995—2020年呈现了5.98%收缩状态，其他城市的建成区绿化覆盖面积在1995—2020年均呈现扩张状态。东北地区有28个城市的建成区绿化覆盖面积的扩张水平在100%以上，占城市总量的82%，扩张范围与扩张空间极度明显。东北地区在1995—2020年总体的扩张城市数量占所有城市的97%，即25年间总体上有33个城市处于收缩状态。其中，辽宁省、吉林省、黑龙江省分别有14个、8个、11个城市处于扩张状态，占比分别为100%、100%、92%，辽宁省与吉林省的全部城市均呈现扩张状态，东北地区城市扩张状态极度明显。在1995—2000年、2000—2005年、2005—2010年、2010—2015年、2015—2020年5个时段，总体扩张城市比例分别为91%、94%、94%、94%、79%。其中，在2000—2005年、2005—2010年、2010—2015年3个时段扩张城市的数量最多，达到了32个城市，其他时段的扩张水平均在70%以上。

3）东北地区城市人口收缩与空间扩张的适配演化

1995—2020年东北地区34个城市总体上处于人口收缩的状态，收缩水平为13.29%；城市建成区空间总体上处于扩张状态，扩张水平为91.80%，城市建设用地空间总体上处于空间扩张状态，扩张水平为65.86%；绿地空间总体上处于扩张状态，扩张水平为331.70%；建成区绿化覆盖空间总体上处于扩张状态，扩张水平为256%。城市建成区空间、城市建设用地空间、绿地空间、建成区绿化覆盖空间与人口变化呈现严重的不匹配现象，适配程度很低。

从城市建成区空间与人口变化的情况来看，鞍山市、抚顺市、营口市、辽阳市、盘锦市、铁岭市、葫芦岛市、长春市、四平市、松原市、哈尔滨市、大庆市12个城市在1995—2020年均出现了不同程度的人口收缩问题，但这12个城市的城市建成区空间一直处于扩张状态，呈现了人口收缩与城市建成区空间快速扩张相悖的发展模式，城市建成区空间没有与人口变化形成良好的协调发展状态，适配程度较低。

从城市建设用地空间与人口变化的情况来看，鞍山市、抚顺市、营口市、辽阳市、盘锦市、朝阳市、葫芦岛市、长春市、四平市、白山市、松原市、哈尔滨市、大庆市、牡丹江市14个城市在2005—2020年均出现了不同程度的人口收缩，但这14个城市的城市建设用地空间一直处于扩张状态，呈现了人口收缩与建设用地空间快速扩张相悖的发展模式，城市建设用地空间没有与人口的变化形成良好的协调发展状态，适配程度较低。

从绿地空间与人口变化的情况来看，鞍山市、营口市、阜新市、辽阳市、盘锦市、葫芦岛市、长春市、通化市、松原市、哈尔滨市、鸡西市、鹤岗市、双鸭山市、七台河市、黑河市、绥化市16个城市在1995—2020年均出现了不同程度的人口收缩，但这16个城市的绿地空间一直处于扩张状态，呈现了人口收缩与绿地空间快速扩张相悖的发展模式，绿地空间没有与人口变化形成良好的协调发展状态，适配程度较低。

从建成区绿化覆盖空间与人口变化的情况来看，鞍山市、抚顺市、丹东市、营口市、阜新市、辽阳市、盘锦市、铁岭市、朝阳市、葫芦岛市、长春市、吉林市、松原市、哈尔滨市、鹤岗市、佳木斯市、七台河市、黑河市、绥化市19个城市在1995—2020年均出现了不同程度的人口收缩，但19个城市的建成区绿化覆盖空间一直处于扩张状态，呈现了人口收缩与建成区绿化覆盖空间快速扩张的相悖发展模式，建成区绿化覆盖空间没有与人口变化形成良好的协调发展状态，适配程度较低。

4）东北地区城市综合收缩的时空演化

从城市综合发展指数的变化情况来看，东北地区34个城市1995—2020年各年的平均城市综合发展指数分别为0.2065、0.2174、0.2422、0.2534、0.2044、0.1940，在1995—2010年一直呈上升趋势，在2010—2020年一直处于下降态势。25年间，34个城市的总体平均城市综合发展指数为0.2197，处于较低的状态。

从综合收缩识别的情况来看，东北地区34个城市总体上在2010—2015年、2015—2020年2个时段均处于收缩态势，在1995—2000年、2000—2005年、2005—2010年3个时段均处于增长态势，但增长指数一直呈下降趋势。在2010—2015年收缩指数最大，收缩程度最严重。在1995—2020年东北地区总体处于收缩状态。

在1995—2000年、2000—2005年、2005—2010年、2010—2015年、2015—2020年5个时段，总体收缩城市比例分别为53%、26%、50%、85%、59%。其中，在2010—2015年收缩城市的数量最多，达到了29个城市。在1995—2000年、2005—2010年、2015—2020年3个时段收缩城市的数量均高于或等于50%，在2000—2005年收缩城市的数量最少，仅为9个城市。

在1995—2020年，东北地区有22个城市处于收缩状态，占城市总量的65%，平均收缩水平为37.54%。其中，辽宁省、吉林省、黑龙江省分别有5个、7个、10个城市处于收缩状态，占比分别为36%、88%、83%，吉林省与黑龙江省的收缩水平均在80%以上，吉林省的收缩比例最高，东北地区收缩形势比较严峻。从1995年开始到2020年这个跨度区间的总体情况来看，城市收缩的水平在3.23%～74.97%，收缩水平变化明显。收缩城市的收缩水平主要集中在10%～70%。伊春市达到了74.97%的最高收缩水平；鸡西市、鹤岗市、双鸭山市、七台河市、黑河市、绥化市6个城市的收缩水平在50%~70%；丹东市、阜新市、四平市、松原市、牡丹江市、齐齐哈尔市6个城市的收缩水平在30%~50%；抚顺市、锦州市、葫芦岛市、吉林市、通化市、白山市、白城市、佳木斯市8个城市的收缩水平在10%~30%；辽源市的收缩水平在10%以下。

5）东北地区城市综合收缩的驱动机制

对2005年、2010年、2015年、2020年东北地区城市收缩与扩张的影响因素进行识别，揭示了城市收缩与扩张的驱动机制。通过识别结果可以发现：

2005年，服务业发展水平影响程度由黑龙江省向辽宁省逐渐增强，对辽宁省各城市及吉林省的辽源市、通化市均呈正向影响，对黑龙江省各城市及吉林省的长春市、吉林市、四平市、白山市、松原市、白城市6个城市均呈负向影响；教育支撑水平对辽宁省各城市均呈正向影响，抑制城市收缩，但影响系数并不大，均在0.1~0.2区间变化，对吉林省的四平市、辽源市、通化市、白山市及黑龙江省的黑河市均呈正向影响，但影响水平低于辽宁省，对吉林省与黑龙江省的其他城市均呈负向影响，加强了城市收缩；科技支撑水平对东北地区各城市的影响系数均为负值，促进城市收缩；对外开放程度对东北地区各城市的影响系数均为正值，抑制城市收缩，影响程度由黑龙江省向辽宁省逐渐减弱。

2010年，工业发展水平、教育支撑水平、教育水平、绿化水平对东北地区各城市的影响系数均为正值，即这些因素的影响水平越高，城市综合发展指数越高，城市将处于扩张状态，抑制城市收缩。工业发展水平与教育水平对东北地区城市收缩与扩张的影响程度由黑龙江省向辽宁省逐渐增强。教育支撑水平对吉林省各城市、黑龙江省西南部的大庆市、辽宁省北部的铁岭市与抚顺市这一区域范围影响程度最大的，教育支撑水平的影响程度由此区域分别向辽宁省南部和黑龙江省北部逐渐减弱。绿化水平对东北地区城市收缩与扩张的影响程度由黑龙江省向辽宁省逐渐减弱，在东北地区的区域空间上呈现明显的规律性，即影响程度由北向南降低。

2015年，工业发展水平对辽宁省的影响程度明显高于吉林省与黑龙江省，但这一时期各城市的影响系数差距不大，且影响系数均为正值，即工业发展水平越高，城市综合发展指数越高，城市将处于扩张状态，抑制城市收缩。教育支撑水平对各城市的影响程度呈现明显的空间分异，对东北地区的影响程度由辽宁省向黑龙江省逐步增强。辽宁省各城市及吉林省的通化市的影响系数均为负值，表明教育支撑水平越高，城市综合发展指数越低，城市将处于收缩状态；其他城市的影响系数均为正值，对城市收缩有抑制作用。教育水平对东北地区各城市的影响系数均为正值，即教育水平越高，城市综合发展指数越高，城市将处于扩张状态，抑制城市收缩。教育水平对东北地区城市收缩与扩张的影响程度由黑龙江省向辽宁省逐渐增强。绿化水平对各城市的影响程度呈现明显的空间分异，其影响程度由辽宁省向吉林省的逐渐增强，再由吉林省向黑龙江省逐渐减弱。其中，辽宁省的朝阳市与葫芦岛市、黑龙江省的佳木斯市的影响系数均为负值，即教育水平越高，城市综合发展指数越低，城市将处于收缩状态；其他城市的影响系数均为正值，对城市收缩有抑制作用。

2020年，工业发展水平、服务业发展水平、公共服务水平、对外开放程度4个因素对东北地区各城市的影响系数均为正值。随着4个因素的影响程度增强，城市综合发展指数也会增大，抑制城市的收缩，且4个因素的影响程度均呈现由黑龙江省向辽宁省逐渐加强的变化趋势。教育支撑水平对黑龙江省的鸡西市、鹤岗市、双鸭山市、伊春市、佳木斯市、黑河市6个城市的影响系数均为正值，对城市收缩有抑制作用，对黑龙江省其他城市及辽宁省与吉林省各城市的影响系数均为负值，加剧了城市收缩。

9.2 研究局限

本书针对东北地区的城市收缩问题从省域、地级市、县区三个层面开展了系统研究，取得了一定的研究成果，得到了一定的结论，但还存在以下5个方面的局限：

（1）本书采用的研究数据均来自政府官方公布的数据，缺少现行的大数据的融入，如土地利用覆被数据、POI数据、城市建设用地空间矢量数据等，从而导致了本书对东北地区城市收缩识别的最小尺度为县区尺度，但实际上在县区尺度内的城市收缩问题也存在空间分异。由于数据限制，本书并没有进行乡镇街道尺度的研究。

（2）在人口收缩方面，本书主要利用人口普查数据与中国城市统计年鉴中的人口数量与人口密度数据，未采用与城市人口收缩的相关数据（如小学生数量、大学生数量）来综合判别城市人口收缩问题，有些城市出现了人口增长，但并未衡量增长的人口质量与流失的人口质量差异情况来综合判别收缩问题。

（3）本书使用的第五次全国人口普查数据、第六次全国人口普查数据在各个空间尺度下均包含总人口数量、城市人口数量与乡村人口数量三种类别，而在第七次全国人口普查数据中还未找到各个空间尺度的乡村人口数量，通过五普与六普数据的分析可以发现，乡村人口流失是东北地区收缩的关键问题，乡村人口指标的缺失对分析东北地区人口收缩存在一定的阻碍。

（4）城市收缩中，人口收缩是起因，随着人口的收缩会持续出现其他的收缩问题，因此通过综合指标来判断人口收缩是最科学的办法。本书通过构建东北地区城市发展指数来识别东北地区城市收缩的问题。但综合指标的构建还有待进一步完善，从而使其对城市收缩的识别更加精准。

（5）本书采用了人口数据、城市空间数据、城市综合发展指数分别对东北地区城市收缩的情况从不同的空间尺度进行了识别，收缩结果总体上基本吻合，但个别城市的个别年份存在评价差异，这也是目前在城市收缩领域所面临的问题，从目前现有的文献来看，大部分研究也是从某一个视角来开展研究，这就形成了不同的研究者对同一区域的研究结果存在一定的差异，这是值得思考的问题。

9.3 研究展望

针对本书研究中存在的局限层面，可从以下5个方面对东北地区的城市收缩问题继续展开进一步的研究：

（1）积极与东北地区的各个统计主管部门联系，包括省级、市级、县区级的统计局，力争获取东北地区乡镇街道尺度的人口数据。同时，借助网络多源大数据来进一步对乡镇街道尺度的数据进行补充，以更精确的尺度、更精准的数据对东北地区城市收缩问题进行持续的系统研究。

（2）进一步增加从人口视角识别城市收缩的数据指标，如人口学历结构、人口年龄结构、平均受教育年限、在校的各类学生数量等指标，通过这些指标的加入可以有效衡量人口收缩的质量变化程度，识别人口增加城市的人口流动质量变化情况，从而从城市人口质量收缩视角来判断人口收缩问题，这是目前的研究中很少考虑的问题。

（3）进一步收集第七次全国人口普查数据在各个空间尺度下的总人口数量、城市人口数量与乡村人口数量数据，全面识别东北地区总人口、城市人口与乡村人口收缩状态，进而来研判东北地区的主要收缩空间，为各地区的发展提供人口视角下的理论建议。

（4）进一步从全面的视角来完善东北地区城市综合发展指数的评价指标体系，使东北地区城市综合收缩评价更加精准，从而更加科学、准确地识别东北地区城市综合收缩的状况。

（5）进一步将不同维度、不同尺度的城市收缩问题的研究结果进行整合，厘清各种研究结果之间异同的本质原因及其理论解释，使不同维度、不同尺度下的城市收缩问题具有更好的统一性与科学性。

主要参考文献

[1] 杨玉文，张云霞．东北边疆地区人口迁移对产业转型升级的影响［J/OL］．中南民族大学学报：人文社会科学版，2022（9）：1-10［2022-10-05］．https：//doi.org/10.19898/j.cnki.42-1704/C.20220905.02．

[2] 孙平军．城市收缩：内涵·中国化·研究框架［J］．地理科学进展，2022，41（8）：1478-1491．

[3] 孙平军，张可秋，何田．东北三省收缩城市城乡一体化收缩效应及其作用机理研究［J］．地理科学进展，2022，41（7）：1213-1225．

[4] 郑洁，汪甜甜，陈浩．长江经济带人口收缩城市的识别与影响因素分析［J］．华东经济管理，2022，36（8）：13-25．

[5] 张梦梦，张丽君，秦耀辰，等．黄河流域乡镇人口——经济增长与收缩格局及影响因素［J］．地理科学进展，2022，41（6）：999-1011．

[6] 刘菊，孙平军，罗宁，等．城市收缩研究进展及其中国本土化思考［J］．地域研究与开发，2022，41（3）：55-60.

[7] 张洋．陕西省收缩城市的识别、时空格局及协调发展研究［D］．大连：辽宁师范大学，2022.

[8] 张静，唐晓超．人口收缩视角下湖北省县域经济社会的空间变化探析［J］．长江流域资源与环境，2022，31（5）：1016-1028.

[9] 宫攀，张槊，王文哲．人口视角下中国城市收缩的演变特征与时空格局——基于第七次全国人口普查公报数据的分析［J］．人口与经济，2022（3）：1-15．

［10］ 陈曦．东北地区实体城市视角下收缩城市及其空间收缩模式研究［D］．长春：长春师范大学，2022．

［11］ 杨鸿志．东北三省收缩城市的空间特征及影响因素研究［D］．沈阳：辽宁大学，2022．

［12］ 闵英姿．基于GIS的中国城市收缩的时空特征、形成机制及影响因素研究［D］．郑州：河南财经政法大学，2022．

［13］ 衣霄翔，张郝萍，夏雷．国际收缩城市应对空置问题的临时使用策略及启示［J］．城市规划学刊，2022（2）：111-118．

［14］ 杨帆，王佳音，陶沛宏．超越收缩的增长——全要素生产率视角的城市收缩辨析［J］．城市发展研究，2022，29（2）：106-115．

［15］ 高杰．中国收缩型城市的水平测度与影响因素研究——基于第六、七两次人口普查数据分析［J］．福建商学院学报，2022（1）：48-55．

［16］ 许笑维，郭文炯．资源型城市人口增长与收缩特征研究［J］．生产力研究，2022（2）：33-37．

［17］ 张建波，段利鹏，史晓楠，等．吉林省城市增长与收缩的分异特征、成因与对策［J］．地域研究与开发，2022，41（1）：53-59．

［18］ 刘艳军，张艺宁，孙宏日，等．收缩城市住房空置时空分异及影响机制——基于居民用电量视角［J］．地理科学，2021，41（12）：2087-2095．

［19］ 沈撄宁．基于人口与经济变化视角的城市收缩测度与影响因素分析［J］．商业观察，2022（1）：40-42．

［20］ 姜晓晖．空间不匹配带来城市收缩的三重逻辑——制度空间位移、政策空间悖论与行为空间失衡［J］．人文地理，2021，36（6）：87-95．

［21］ 陈蕊．中国收缩型城市的综合测度与影响因素分析［J］．统计与决策，2021，37（23）：68-71．

［22］ 仲晓雅，闫庆武，厉飞，等．一种面向城市收缩地区的DMSP/OLS夜间灯光影像多年连续校正方法［J］．地理与地理信息科学，2021，37（6）：46-51，140．

［23］ 孟祥凤，马爽，项雯怡，等．基于百度慧眼的中国收缩城市分类研究［J］．地理学报，2021，76（10）：2477-2488．

［24］ 钱凤魁，朱益梅，张晓霞，等．辽宁省城市收缩综合测度及影响因素分析［J］．中国土地科学，2021，35（9）：74-83．

［25］ 路昌，徐雪源，周美璇．中国三大城市群收缩城市“三生”功能耦合协调度分析［J/OL］．世界地理研究，2021（8）：1-15［2022-10-05］．https：//kns.cnki.net/kcms/detail/31.1626.P.20210824.0921.002.html．

［26］ 陆明，梁凡，吴远翔．收缩规划背景下收缩城市界定与分类的国际和中国

本土化探析［J/OL］. 国际城市规划，2021（8）：1-15［2022-10-05］. https：//kns.cnki.net/kcms/detail/11.5583.tu.20210823.1547.004.html.

［27］ 程瑶，张松林，刘志迎，等. 长三角城市人口收缩的特征、经济效应与政策回应［J］. 华东经济管理，2021，35（8）：21-28.

［28］ 张鑫. 陕西省城市收缩格局及影响因素研究［D］. 西安：西北大学，2021.

［29］ 乔泽浩，栾志理，丁月龙，等. 城市收缩的影响因素测度及应对策略——以延边朝鲜族自治州为例［J］. 延边大学农学学报，2021，43（2）：102-108.

［30］ 徐惠孝，刘艳军. 收缩城市建设用地利用效率时空分异及影响机制——以黑龙江省伊春市为例［J］. 地理科学进展，2021，40（6）：937-947.

［31］ 张浩哲，杨庆媛. 中国收缩城市土地利用效率及其影响因素研究［J］. 人文地理，2021，36（3）：108-116.

［32］ 闫广华，陈曦，张云. 基于随机森林模型的东北地区收缩城市分布格局及影响因素研究［J］. 地理科学，2021，41（5）：880-889.

［33］ 宋洋，朱道林，张立新，等. 收缩情境下城市用地结构时空格局演变及动力机制——以中国东北地区为例［J］. 地理研究，2021，40（5）：1387-1403.

［34］ 周恺，涂 ，戴燕归. 国土空间规划下城市收缩与复兴中的空间形态调整［J］. 经济地理，2021，41（4）：212-220.

［35］ 王家庭，袁春来，刘子杰. 城市收缩对区域塌陷的影响——基于中国284个地级市的经验证据［J］. 城市问题，2021（3）：57-66.

［36］ 高新雨. 城市收缩问题研究进展［J］. 经济学动态，2021（3）：145-158.

［37］ 董昕，张朝辉，周卫华. 为什么收缩城市的流动人口定居意愿更强［J］. 中国人口·资源与环境，2021，31（3）：43-51.

［38］ 杨友，谢宇鹏，王荣荣. 张家口市城市收缩水平测度及机制分析［J］. 河北北方学院学报（自然科学版），2021，37（1）：55-60.

［39］ 何光环，唐古拉，李本智. 国土空间规划背景下的城市近郊村庄精明收缩规划实践探索——以宁波市永旺村为例［J］. 小城镇建设，2021，39（1）：83-90.

［40］ 吴康，戚伟. 收缩型城市：认知误区、统计甄别与测算反思［J］. 地理研究，2021，40（1）：213-229.

［41］ 章昌平，宋小金，钱杨杨，等. 城市收缩研究的内容分析：从特征、空间到机制［J］. 桂林理工大学学报，2021，41（1）：123-134.

［42］ 刘玉博，孟美侠，张学良. 中国城市收缩如何影响了劳动力工资差异——基于全国人口普查和CHFS数据的分析［J］. 上海经济，2020（6）：

59-72.

[43] 高媛. 精明收缩视角下鹤岗市城市空间结构优化策略研究 [D]. 黑龙江: 哈尔滨工业大学, 2020.

[44] 胡语宸, 刘艳军, 孙宏日. 城市增长与收缩的演变过程及其影响因素——以黑龙江省煤炭资源型城市为例 [J]. 地理科学, 2020, 40 (9): 1450-1459.

[45] 邓琰如, 张明斗. 异质性城市收缩与城市公共服务水平——兼论经济发展水平的调节作用 [J]. 软科学, 2020, 34 (12): 96-103.

[46] 吴思宇, 董会和, 耿聪. 东北地区城市收缩程度测度与比较分析 [J]. 资源开发与市场, 2020, 36 (11): 1252-1258.

[47] 张帅, 王成新, 王敬, 等. 中国城市收缩的综合测度及其时空分异特征研究 [J]. 中国人口·资源与环境, 2020, 30 (8): 72-82.

[48] 董丽晶, 苏飞, 温玉卿, 等. 阜新市收缩城市经济系统弹性演变趋势与障碍因素分析 [J]. 地理科学, 2020, 40 (7): 1142-1149.

[49] 刘玉博, 李健, 肖素萍, 等. 城市收缩如何影响地方公共服务供给? [J]. 城市发展研究, 2020, 27 (7): 11-18.

[50] 陈肖飞, 郜瑞瑞, 韩腾腾, 等. 人口视角下黄河流域城市收缩的空间格局与影响因素 [J]. 经济地理, 2020, 40 (6): 37-46.

[51] 刘菀蓉, 张磊, 赵敬源. 日本城市收缩现象的生态城市设计策略研究——以日本北九州若松市及户畑市为例 [J]. 城市建筑, 2020, 17 (19): 47-49, 72.

[52] 王洁, 叶剑平. 产业衰退型收缩城市人口与住宅市场分析——基于东莞市的数据分析 [J]. 城市问题, 2020 (6): 56-63.

[53] 庚梦桐. 东北老工业基地城市收缩识别与调控对策研究 [D]. 长春: 东北师范大学, 2020.

[54] 谭思晗. 城市局部收缩背景下居住迁移影响因素及其效应研究 [D]. 长春: 东北师范大学, 2020.

[55] 张淑清. 淮河生态经济带城市收缩的形成机理分析及水平测度 [D]. 蚌埠: 安徽财经大学, 2020.

[56] 宋俊健. 四川省县域收缩城市识别及成因分析 [D]. 成都: 西南财经大学, 2020.

[57] 张明斗, 曲峻熙. 城市收缩对经济发展的影响研究 [J]. 城市发展研究, 2020, 27 (5): 50-57.

[58] 刘长杰. 收缩型城市: 以“瘦身强体”替代“增量规划” [J]. 中国发展观察, 2020 (Z5): 64-66, 106.

[59] 叶云岭，吴传清. 中国收缩型城市的识别与治理研究 [J]. 学习与实践，2020 (5): 32-41.

[60] 钱杨杨. 长江中游城市群城市收缩的识别、动因及机制研究 [D]. 桂林：桂林理工大学，2020.

[61] 侯婷婷. 典型收缩型城市的热环境变化分析 [D]. 哈尔滨：哈尔滨师范大学，2020.

[62] 孙青. 基于多源数据的山东省收缩城市特征及对策研究 [D]. 济南：山东师范大学，2020.

[63] 刘昕喆. 收缩背景下城市活力时空演变及影响机制——以伊春市为例 [D]. 长春：东北师范大学，2020.

[64] 周恺，戴燕归，涂　. 收缩城市的形态控制：断面模型与精明收缩的耦合框架 [J]. 国际城市规划，2020，35 (2): 20-28.

[65] 沈瑶，朱红飞，刘梦寒，等. 少子化、老龄化背景下日本城市收缩时代的规划对策研究 [J]. 国际城市规划，2020，35 (2): 47-53.

[66] 巴拉舍娃，冷红，宋世一. 严寒地区的收缩城市研究——以俄罗斯克拉斯诺亚尔斯克地区的三个极地城市为例 [J]. 国际城市规划，2020，35 (2): 54-61.

[67] 甄子昊，周梦懿. 收缩型城市的土地问题及其法律解决 [J]. 学术交流，2020 (4): 106-117.

[68] 邓嘉怡，郑莎莉，李郇. 德国收缩城市的规划应对策略研究——以原东德都市重建计划为例 [J]. 西部人居环境学刊，2018，33 (3): 13-20.

[69] 杜金莹，徐建刚，于涛，等. 江苏省城市收缩测度及影响机制研究——以南通市为例 [J]. 现代城市研究，2020 (3): 2-9.

[70] 高景鑫. 生态演化视角下我国城市收缩研究：机理、实证及对策 [D]. 重庆：重庆大学，2020.

[71] 薛梦. 收缩城市的产生及其背后的潜在原因 [J]. 工程建设与设计，2020 (4): 32-33.

[72] 朱惠斌. 我国城市收缩问题研究 [J]. 山东行政学院学报，2020 (1): 97-102.

[73] 郑峥，郑红霞. "规模"视角下的收缩城市影响因素研究——空间布局与社会联系对城市化的影响 [J]. 住宅与房地产，2020 (3): 7-9，193.

[74] 曲阳阳，崔丽. 论黑龙江省资源枯竭城市人口收缩与经济发展 [J]. 北方经贸，2020 (1): 7-9.

[75] 徐博. 收缩城市与精明发展——收缩型中小城市政府治理与市场效率的内在逻辑匹配及改革创新空间 [J]. 经济学家，2019 (12): 34-45.

［76］ 赵媛．主动应对欧洲城市收缩现象［N］．中国社会科学报，2019-11-20（3）．
［77］ 温佳楠，宋迎昌．基于知识图谱的国内外城市收缩研究进展及启示［J］．城市与环境研究，2019（2）：93-107．
［78］ 林阿南．基于城市收缩视角的鞍山市土地利用合理性研究［D］．大连：东北财经大学，2019．
［79］ 温佳楠．成渝地区城市收缩识别及其驱动因素分析［J］．经济论坛，2019（10）：69-76．
［80］ 李刚，张淑清．安徽省城市收缩水平测度及影响因素分析［J］．安徽建筑大学学报，2019，27（5）：62-70，85．
［81］ 杨振山，杨定．城市发展指数指引下的我国收缩区域初步评判［J］．人文地理，2019，34（4）：63-72．
［82］ 温佳楠，宋迎昌，任杲．中国城市收缩状况评估——基于地级及以上城市市辖区数据的测算［J］．城市问题，2019（9）：4-10．
［83］ 杨晓娟，肖宁，赵柏伊．收缩语境下资源型城市县域空间规划策略与实践——以陕西省略阳县为例［J］．规划师，2019，35（16）：82-88．
［84］ 张明斗，刘奕，曲峻熙．收缩型城市的分类识别及高质量发展研究［J］．郑州大学学报（哲学社会科学版），2019，52（5）：47-51．
［85］ 杨建龙，崔丽．黑龙江资源型城市人口收缩对经济的影响研究——以资源枯竭型城市为例［J］．学理论，2019（9）：77-79．
［86］ 刘贵文，谢芳芸，洪竞科，等．基于人口经济数据分析我国城市收缩现状［J］．经济地理，2019，39（7）：50-57．
［87］ 黄刚．“收缩城市”在中国是个伪命题？［J］．城市开发，2019（12）：33-35．
［88］ 胡毅，孙东琪．主动收缩：城市可持续发展的一种策略选择——北京城市减量发展的规划应对与转型困境［J］．北京规划建设，2019（3）：20-23．
［89］ 姜鹏．人文社会语境下的收缩城市非典型研究［J］．北京规划建设，2019（3）：154-155．
［90］ 孙青，张晓青，路广．中国城市收缩的数量、速度和轨迹［J］．城市问题，2019（8）：24-29．
［91］ 程艺，宋涛，刘海猛．我国边境收缩城市：格局、类型与影响因素［J］．北京规划建设，2019（3）：48-52．
［92］ 荆莹．收缩城市建成区低效工业用地识别与优化策略研究［D］．哈尔滨：哈尔滨工业大学，2019．
［93］ 王茜茜．收缩城市的空间识别与形成机制研究［D］．烟台：鲁东大学，2019．
［94］ 安琪，安树伟．城市收缩与中小城市功能提升［J］．北京规划建设，2019

(3)：23-27.
[95] 朱金，李强，王璐妍．从被动衰退到精明收缩——论特大城市郊区小城镇的“收缩型规划”转型趋势及路径［J］．城市规划，2019，43（3）：34-40，49.
[96] 刘玉博，周萍．中国城市收缩空间尺度探析与典型收缩形态识别［J］．北京规划建设，2019（3）：42-47.
[97] 赵燕菁．城市收缩的机理与应对［J］．北京规划建设，2019（3）：151-153.
[98] 吴康，李耀川．收缩情境下城市土地利用及其生态系统服务的研究进展［J］．自然资源学报，2019，34（5）：1121-1134.
[99] 黄匡时．城市人口新格局：中小城市的收缩与大城市的扩张［J］．人口与健康，2019（5）：25-27.
[100] 杜志威，张虹鸥，叶玉瑶，等．增长与收缩——珠三角城市经济韧性的测度与影响因素（英文）［J］．Journal of Geographical Sciences，2019，29（8）：1331-1345.
[101] 张伟，单芬芬，郑财贵，等．我国城市收缩的多维度识别及其驱动机制分析［J］．城市发展研究，2019，26（3）：32-40.
[102] 杜志威，张虹鸥，叶玉瑶，等．2000年以来广东省城市人口收缩的时空演变与影响因素［J］．热带地理，2019，39（1）：20-28.
[103] 郭源园，李莉．中国收缩城市及其发展的负外部性［J］．地理科学，2019，39（1）：52-60.
[104] 吴康．城市收缩的认知误区与空间规划响应［J］．北京规划建设，2019（3）：4-11.
[105] 邓嘉怡，李郇．统一后原东德城市收缩现象及机制研究［J］．世界地理研究，2018，27（4）：90-99.
[106] 杨琳，何邕健．吉林省收缩城市的空间分布与影响因素分析［J］．西部人居环境学刊，2018，33（3）：21-27.
[107] 杜锐，武敏，张懿，等．黑龙江省穆棱市“收缩城市”特征及规划应对策略［J］．规划师，2018，34（6）：118-122.
[108] 赵丹，张京祥．竞争型收缩城市：现象、机制及对策——以江苏省射阳县为例［J］．城市问题，2018（3）：12-18.
[109] 罗小龙．城市收缩的机制与类型［J］．城市规划，2018，42（3）：107-108.
[110] 吴康，孙东琪．城市收缩的研究进展与展望［J］．经济地理，2017，37（11）：59-67.
[111] 李郇，吴康，龙瀛，等．局部收缩：后增长时代下的城市可持续发展争鸣［J］．地理研究，2017，36（10）：1997-2016.

[112] 张京祥，冯灿芳，陈浩．城市收缩的国际研究与中国本土化探索［J］．国际城市规划，2017，32（5）：1-9．
[113] 张贝贝，李志刚．"收缩城市"研究的国际进展与启示［J］．城市规划，2017，41（10）：103-108，121．
[114] 顾从伟．东北地区收缩城市的现象分析与策略研究［D］．大连：大连理工大学，2017．
[115] 贺辉文．城市精明收缩的规划策略研究［D］．南京：南京大学，2017．
[116] 李晨卉．我国东北地区收缩城市影响因素及其规划对策研究［D］．北京：北京建筑大学，2017．
[117] 刘春阳．中外收缩城市比较研究及启示［D］．重庆：重庆大学，2017．
[118] 王晓玲．收缩城市研究进展及战略思考［J］．青岛科技大学学报（社会科学版），2017，33（1）：1-8．
[119] 刘春阳，杨培峰．中外收缩城市动因机制及表现特征比较研究［J］．现代城市研究，2017（3）：64-71．
[120] 周盼，吴佳雨，吴雪飞．基于绿色基础设施建设的收缩城市更新策略研究［J］．国际城市规划，2017，32（1）：91-98．
[121] 林雄斌，杨家文，张衔春，等．我国城市收缩测度与影响因素分析——基于人口与经济变化的视角［J］．人文地理，2017，32（1）：82-89．
[122] 赵家辉，李诚固，马佐澎，等．城市精明收缩与我国老工业基地转型［J］．城市发展研究，2017，24（1）：135-138，152．
[123] 刘玉博，张学良，吴万宗．中国收缩城市存在生产率悖论吗——基于人口总量和分布的分析［J］．经济学动态，2017（1）：14-27．
[124] 刘方宁．收缩城市与工业废弃地更新策略［J］．山西建筑，2017，43（1）：16-17．
[125] 刘玉博，张学良．武汉城市圈城市收缩现象研究［J］．规划师，2017，33（1）：18-25．
[126] 高舒琦．收缩城市的现象、概念与研究溯源［J］．国际城市规划，2017，32（3）：50-58．
[127] 张学良，刘玉博，吕存超．中国城市收缩的背景、识别与特征分析［J］．东南大学学报（哲学社会科学版），2016，18（4）：132-139，148．
[128] 马佐澎，李诚固，张婧，等．发达国家城市收缩现象及其对中国的启示［J］．人文地理，2016，31（2）：13-17．
[129] 张洁，郭城．德国针对收缩城市的研究及策略：以莱比锡为例［J］．现代城市研究，2016（2）：11-16．
[130] 龙瀛，李郇．收缩城市——国际经验和中国现实［J］．现代城市研究，

2015 (9): 1.
[131] 杨振山，孙艺芸. 城市收缩现象、过程与问题 [J]. 人文地理，2015，30 (4): 6-10.
[132] 高舒琦. 收缩城市研究综述 [J]. 城市规划学刊，2015 (3): 44-49.
[133] 黄玮婷. 英国城市收缩现象的经验及启示 [J]. 规划师，2014，30 (S5): 205-209.
[134] 徐博，庞德良. 增长与衰退：国际城市收缩问题研究及对中国的启示 [J]. 经济学家，2014 (4): 5-13.
[135] 杨东峰，殷成志. 如何拯救收缩的城市：英国老工业城市转型经验及启示 [J]. 国际城市规划，2013，28 (6): 50-56.
[136] 赵民，游猎，陈晨. 论农村人居空间的"精明收缩"导向和规划策略 [J]. 城市规划，2015，39 (7): 9-18，24.
[137] 高舒琦. 美国扬斯敦市精明收缩规划的实施研究及其对我国的启示 [D]. 北京：清华大学，2018.
[138] 丁诗雨. 精明收缩视角下武汉市东西湖区乡村空间演变模拟及规划策略研究 [D]. 武汉：华中科技大学，2020.
[139] 黄鹤. 精明收缩：应对城市衰退的规划策略及其在美国的实践 [J]. 城市与区域规划研究，2011 (3): 157-168.
[140] 季琳. 2000年以来南京市乡村人居空间演化及其精明收缩策略初探 [D]. 南京：东南大学，2021.
[141] 袁媛，章扬."精明收缩"视角下中国特大城市人口质量调控——以上海市为例 [J]. 山东交通科技，2020 (3): 117-120.
[142] 刘伍洋，刘静，张成智，等. 基于"精明收缩"的乡镇"收缩型规划"转型路径及趋势研究——以衡南县宝盖镇国土空间规划为例 [J]. 小城镇建设，2021，39 (9): 45-55.
[143] 周超. 精明收缩理论下被撤并镇镇区再生策略研究 [D]. 苏州：苏州科技大学，2021.
[144] 杨震. 基于精明收缩的石油资源枯竭型城市空间发展研究 [D]. 荆州：长江大学，2021.
[145] 秦佳男. 城市扩张对家庭能源消耗的影响 [D]. 长春：吉林大学，2021.
[146] 贺晓英. 城市扩张中的农地保护机制研究 [D]. 咸阳：西北农林科技大学，2009.
[147] 安纳，黄鑫，封健. 基于精明增长的传统村落保护与更新探索 [C] //面向高质量发展的空间治理——2021中国城市规划年会论文集 (16乡村规划)，2021: 1507-1516.

[148] 和军，刘勇．东北地区城市收缩的识别测度与原因分析［J］．长白学刊，2022（4）：103-111．

[149] 路旭，许忠诚．辽宁省县级城市收缩现象识别及其形成因素研究［J］．小城镇建设，2022，40（1）：12-19．

[150] 高星，赵美冉，申伟宁，等．东北三省收缩型城市空间分布特征与发展预测研究［J］．全球城市研究，2021，2（2）：72-83，191-192．

[151] 孙平军，王柯文．中国东北三省城市收缩的识别及其类型划分［J］．地理学报，2021，76（6）：1366-1379．

[152] 田颖．我国东北地区城市收缩时空演变格局及影响因素研究［D］．福州：福建师范大学，2021．

[153] 段利鹏．东北地区资源枯竭型城市收缩的特征、机制与调控研究［D］．长春：东北师范大学，2021．

[154] 吴思宇．东北地区城市收缩测度与土地利用调控研究［D］．长春：吉林大学，2021．

[155] 宫思羽，刘慧民．城市收缩现状分析及对策探讨研究——以黑龙江省为例［J］．城市建筑，2020，17（32）：21-23．

[156] 付苗．东北地区县级城市（镇）收缩格局、机制与调控措施研究［D］．长春：东北师范大学，2020．

[157] 郭淑睿．东北地区城市收缩空间格局及其影响因素分析［D］．长春：吉林大学，2020．

[158] 张明斗，肖航．东北地区城市收缩的空间格局特征与作用机理［J］．城市问题，2020（1）：33-42．

[159] 孟祥凤．东北老工业城市用地精明收缩模式研究［D］．长春：吉林大学，2019．

[160] 陈子豪．黑龙江省收缩城市发展的驱动机制及规划对策研究［D］．哈尔滨：哈尔滨工业大学，2019．

[161] 刘风豹，朱喜钢，陈蛟，等．城市收缩多维度、多尺度量化识别及成因研究——以转型期中国东北地区为例［J］．现代城市研究，2018（7）：37-46．

[162] 田苗．东北地区城市收缩格局和收缩城市识别研究［D］．武汉：华中师范大学，2018．

[163] 杨琳．吉林省收缩城市的影响因素及规划策略研究［D］．天津：天津大学，2018．

[164] 李元伟．吉林省城市收缩现状与形成机制研究［D］．长春：东北师范大学，2016．

[165] 杨东峰，龙瀛，杨文诗，等．人口流失与空间扩张：中国快速城市化进程

中的城市收缩悖论 [J]. 现代城市研究，2015 (9)：20-25.

[166] 孙平军，刘菊，罗宁，等. 成渝地区双城经济圈收缩城市的空间格局与影响因素——基于第五、六、七次全国人口普查数据的分析 [J]. 西南大学学报 (自然科学版)，2022，44 (1)：46-56.

[167] 杨青，蔡银莺. 湖北省人口收缩城市的空间格局与类型识别 [J]. 城市问题，2020 (2)：58-65.

[168] 张明斗，曲峻熙. 中国广义城市收缩的空间格局与生成逻辑研究——基于人口总量和经济规模的视角 [J]. 经济学家，2020 (1)：77-85.

[169] 张洁. 煤炭资源枯竭型城市空间要素与人口收缩的关联性研究 [D]. 哈尔滨：哈尔滨工业大学，2020.

[170] 龙瀛，吴康. 中国城市化的几个现实问题：空间扩张、人口收缩、低密度人类活动与城市范围界定 [J]. 城市规划学刊，2016 (2)：72-77.

[171] 张莉. 增长的城市与收缩的区域：我国中西部地区人口空间重构——以四川省与河南省信阳市为例 [J]. 城市发展研究，2015，22 (9)：74-80.

[172] 李彤辉. 河南省人口收缩空间格局及影响因素研究 [D]. 郑州：河南大学，2020.

[173] 余海燕，杨兴柱，杨周，等. 皖南地区县域人口收缩与增长空间特征及影响因素 [J]. 安徽师范大学学报 (自然科学版)，2020，43 (2)：159-167.

[174] 邓沛勇，刘毅华. 中国县域单元城镇人口收缩的空间格局及其影响因素分析 [J]. 现代城市研究，2018 (3)：31-38.

[175] HAASE A，BERNT M，GROBMANN K，et al. Varieties of shrinkage in European cities [J]. European Urban and Regional Studies，2016，23 (1)：86-102.

[176] PALLAGST K. The planning research agenda：shrinking cities-a challenge for planning cultures [J]. Town Planning Review，2010，81 (5)：1-4.

[177] PALLAGST K，FLESCHURZ R，TRAPP F. Greening the shrinking city-policies and planning approaches in the USA with the example of Flint，Michigan [J]. Landscape research，2017，42 (7)：716-727.

[178] CLARK D. Urban decline：the British experience [M]. London：Routledge，1989：1-44.

[179] MARTINEZ-FERNAADEZC，AUDIRACI，FOLS，et al. Shrinking cities：urban challenges ofglobalization [J]. International Journal of Urban & Regional Research，2012，36 (2)：213-225.

[180] MURDOCHJ I. Specialized vs. diversified：the role of neighborhood

economies in shrinking cities [J]. Cities, 2018, 75 (5): 30-37.

[181] WIECHMANN T. Errors expected - aligning urban strategy with demographic uncertainty in shrinking cities [J]. International Planning Studies, 2008, 13 (4): 431-446.

[182] HAUBERMANN H, SIEBEL W. Die schrumpfende stadtund die stadtsoziologie, friedrichs J, editor, soziologische stadtforschung [M]. Opladen: Westdeutscher Verlag, 1988.

[183] MARTINEZ-FERNANDEZ C, WU CHUNG-TONG, LK SSCATZ, et al. The shrinking mining city: urban dynamics contested territory [J]. International Journal of Urban and Regional Research, 2012, 36 (2): 245-260.

[184] LOTSCHER L. Shrinking east German cities? [J]. Geographic Polonica, 2005, 78 (1): 79.

[185] SCHILLING J, LOGAN J. Greening the rust belt: a green infrastructure model for right sizing America's shrinking Cities [J]. Journal of the American Planning Association, 2008, 74 (4): 451-466.

[186] WIECHMANT. Between spectacular projects and pragmatic deconstruction [C]. Paper Presented at Conference on the Future of Shrinking Cities: Problems, Patterns, and Strategies of Urban Transformation in a Global Context, 2007.

[187] YEOB L E, SU K M. Establishment of ecological environment plan item on urban development stages [J]. Journal of the Korean Society of Environmental Restoration Technology, 2008, 11 (4).

[188] SILVER C, BEAUREGARDR A. Voices of decline: the postwar fate of U. S. cities [J]. Journal ofAmerican History, 1998, 85 (1): 316.

[189] POPPER D E, POPPER F J. Small can be beautiful [J]. Planning, 2002, 68 (7): 20.

[190] RUGARE S, SCHWARZ T. Cities growing smaller [D]. Boston, USA: Kent State University, 2008.

[191] EHRENFEUCHT R, NELSON M. Planning, population loss and equity in New Orleans after hurricane Katrina [J]. Planning, Practice and Research, 2011, 26 (2): 129-146.

[192] HUMMEL D. Right - sizing cities in the united states: defining its strategies [J]. Journal of Urban Affairs, 2015a, 37 (4): 397-409.

[193] HOLLANDER J B. Can a city successfully shrink? Evidence from survey

data on neighborhood quality [J]. Urban Affairs Review, 2011a, 47 (1): 129-141.

[194] HACKWORTH J. Rightsizing as spatial austerity in the American Rust Belt [J]. Environment and Planning A, 2015, 47 (4): 766-782.

关键词索引